Núcleo de Catequese Paulinas

Mistagogia
Do visível ao invisível

Dados Internacionais de Catalogação na Publicação (CIP)

(Câmara Brasileira do Livro, SP, Brasil)

Mistagogia : do visível ao invisível / Núcleo de Catequese Paulinas . – 1. ed. – São Paulo : Paulinas, 2013. – (Pastoral litúrgica)

ISBN 978-85-356-3507-2

1. Adultos - Educação cristã 2. Catequese - Igreja Católica 3. Cristianismo 4. Evangelização 5. Mistagogia 6. Vida cristã I. Núcleo de Catequese Paulinas. II. Série.

13-04447   CDD-261.2

Índice para catálogo sistemático:

1. Mistologia : Iniciação cristã de adultos : Cristianismo   261.2

1ª edição – 2013
4ª reimpressão – 2021

Direção-geral:	*Bernadete Boff*
Editores responsáveis:	*Vera Ivanise Bombonatto e Antonio Francisco Lelo*
Copidesque:	*Mônica Elaine G. S. da Costa*
Coordenação de revisão:	*Marina Mendonça*
Revisão:	*Ruth Mitzuie Kluska*
Gerente de produção:	*Felício Calegaro Neto*
Capa e diagramação:	*Telma Custódio*
Fotos:	*Edmundo Lima Calvo (pp. 64, 75, 113, 139); Sofia Antunes e Fábio Nunes (capa, pp. 106, 128); Wanderson Cardoso Alves (pp. 59, 71, 77, 79, 81, 82, 89, 136, 147, 150, 161)*

Nenhuma parte desta obra poderá ser reproduzida ou transmitida por qualquer forma e/ou quaisquer meios (eletrônico ou mecânico, incluindo fotocópia e gravação) ou arquivada em qualquer sistema ou banco de dados sem permissão escrita da Editora. Direitos reservados.

Paulinas

Rua Dona Inácia Uchoa, 62
04110-020 – São Paulo – SP (Brasil)
Tel.: (11) 2125-3500
http://www.paulinas.com.br – editora@paulinas.com.br
Telemarketing e SAC: 0800-7010081

© Pia Sociedade Filhas de São Paulo – São Paulo, 2013

Sumário

Introdução 5

Como o símbolo se revela

1. Deus se revela 10

2. Os sacramentos 16

3. Mistagogia 26

4. Vivências litúrgicas 34

Símbolos litúrgicos

5. Cruz 48

    Assinalação da cruz 53

    Celebração da cruz 55

6. Óleo 57

    Celebração com óleo 62

7. Luz 64

    Celebração da luz I 69

    Celebração da luz II 72

8. Água 74

    Renovação da fé e das promessas batismais 83

Gestos litúrgicos

9. Lava-pés 88

    Celebração do lava-pés 92

10. Acolher 94

    Dicas para a celebração 98

11. Ouvir a Palavra 99

Rito do "Éfeta" 105

12. Dar graças 108

Celebração de ação de graças 114

13. Dar e pedir perdão 116

Celebração penitencial com imposição de cinzas 122

14. Estar à mesa 126

Celebração ao redor do Altar 130

15. Partir o pão 133

Celebração da partilha 138

16. Abraço da paz 140

Celebração da paz 144

17. Impor as mãos 148

Imposição de mãos I 153

Imposição de mãos II 154

18. Povo a caminho 156

Celebração com a assembleia 162

Bibliografia 164

Introdução

Hoje nos damos conta de que separar tão distintamente a catequese da liturgia não vai nos levar muito longe. Ainda mais em se tratando de dar os primeiros passos para ser cristão. A iniciação cristã é uma experiência unitária que comporta o *anúncio* e a *celebração* do mistério de Jesus Cristo com a finalidade de *testemunhar a fé* que temos nele. Essas três dimensões não se separam; acontecem de uma só vez.

Apresenta-se como um desafio dar conteúdo e força à dimensão mistagógica dos percursos de iniciação, para que os itinerários contem com um ingrediente essencial no processo de construção da fé: uma adequada compreensão e vivência sacramental. "A vida sacramental se empobrece e depressa se torna ritualismo oco, se não estiver fundada num conhecimento sério do que significam os sacramentos. A catequese se intelectualiza, se não for haurir vida na prática sacramental."[1]

Corajosamente, o movimento atual da catequese toma o *Ritual de Iniciação Cristã de Adultos* como modelo inspirador de toda iniciação cristã. Essa pedagogia faz interagir profundamente a catequese com as celebrações da Palavra, as bênçãos, exorcismos e oração litúrgica, e dedica o tempo pascal à mistagogia, ou seja, ao aprofundamento da experiência dos sacramentos.

Mais que um tempo específico da iniciação cristã, a mistagogia torna-se um método de estudo dos sacramentos legado pelos Padres dos séculos II e V, que vivenciaram o auge do Batismo de adultos na Igreja. Eles queriam ajudar os recém-batizados a passarem do pobre sinal visível do sacramento ao mistério de graça do qual são portadores.

A mistagogia é o exercício de perceber a comunicação da graça de Deus nos símbolos celebrados na liturgia.

---

[1] JOÃO PAULO II. Exortação apostólica *Catechesi Tradendae*. São Paulo: Paulinas, 1979. n. 23.

Anteriormente publicamos o livro *Iniciação à liturgia*, que oferece ampla base de compreensão para este tema e aborda assuntos complementares: *centralidade pascal, assembleia litúrgica, liturgia da Palavra, liturgia eucarística, Ano Litúrgico e mistagogia do espaço litúrgico*.

Na sequência desses temas, dividimos este livro em três partes. A primeira traz a teologia do símbolo e a metodologia para ele se revelar aos nossos olhos. Dessa forma, no primeiro capítulo, apresentamos a revelação de Deus por meio dos acontecimentos e dos sinais do seu amor.

O segundo capítulo trata sobre o maior sinal de Deus na história humana: a encarnação de seu Filho, lugar do encontro da natureza humana e divina. Ele é a origem de todo sacramento que continua na liturgia da Igreja na força do Espírito Santo.

O terceiro capítulo responde à pergunta o que é mistagogia e forma unidade com o quarto capítulo, que oferece o método para o agente fazer mistagogia.

Na segunda parte, de modo mais prático, os capítulos apresentam alguns símbolos celebrados na liturgia, como: *cruz, óleo, luz e água*; e, na terceira parte, também alguns gestos e atitudes: *lavar os pés, acolher, ouvir a Palavra, dar graças, pedir perdão, estar à mesa, partir o pão, abraçar desejando paz, impor as mãos, caminhar...* A título de exemplo, também oferecemos alguns esquemas de celebrações com caráter iniciador e experiencial.

Partimos da necessidade de construir o significado do símbolo com o grupo desde quatro pontos: *sentido cotidiano, bíblico, litúrgico e compromisso cristão*. Cada um deles oferece uma gama de sentidos que conjuntamente somados nos revelam a passagem de Deus em nossa vida. O significado do símbolo vai se concretizando passo a passo, daquilo que ele mostra imediatamente aos nossos sentidos até chegar a seu significado final que só alcançamos com a fé.

A metodologia quer ajudar o agente a unir a proclamação da Palavra com a realização do sinal litúrgico, que naturalmente se desdobra em súplica, louvor ou pedido de perdão. Sob este critério, o agente de pastoral poderá criar várias celebrações, lançando mão dos símbolos litúrgicos, relacionando-os com o que refletiu na catequese e que implicará em sua vida de fé.

Trata-se de celebrações que não têm um tom meramente didático, mas já são cultuais e que facilitam sua participação ativa na celebração litúrgica da comunidade. *A vivência litúrgica quer proporcionar o contato direto de nossos sentidos com o símbolo para despertar a experiência efetiva da graça de Deus.* Por exemplo, a celebração do lava-pés no pequeno grupo tem como finalidade o aprofundamento experiencial do sentido do rito que ampliará seu significado na grande celebração comunitária em seu tempo próprio: a Quinta-feira Santa.

Prevenimos que a prática da catequese, com base na participação dos mistérios celebrados, se distancia de uma prática popular devocional. Esta se caracteriza pela oração fervorosa, sentimental e normalmente se vale da intercessão dos santos para fazer chegar a Deus as necessidades urgentes por que passamos. Com uma fé unicamente devocional, o fiel corre o perigo de expor somente a sua vontade a Deus sem lograr descobrir o plano de Deus para a sua vida.

A prática da mistagogia nos leva a um horizonte bem distante daquele traçado pela atual teologia da prosperidade, a qual atribui os males ao tentador e acentua as vantagens que a pessoa de fé desfruta: sucesso nos negócios, êxito nas relações amorosas, cura milagrosa de doenças e conforto espiritual. As curas e milagres de Jesus comprovam a chegada da realidade nova do Reino em sua pessoa. Porém, mais importante que as curas e os milagres, é construir uma resposta amadurecida de fé que resulte na adesão ao plano de Deus e no seguimento de Jesus até a cruz.

Em primeiro lugar, a mistagogia é o exercício de perceber a manifestação de Deus na vida. Ela adquire sentido numa oração pautada pela proclamação da Palavra e nos sinais que a visibilizam. Assim, proporciona a participação do fiel nos atos salvadores de Deus, produzindo a transformação interior.

A espiritualidade gerada pela liturgia tem sua fonte na celebração dos mistérios salvíficos (ano litúrgico, sacramentos, ofício divino, sacramentais). A espiritualidade litúrgica é a vivência consciente da vida teologal (fé, esperança, caridade) recebida no Batismo, Confirmação e Eucaristia, continuamente celebrada na liturgia para se chegar à conformação à Páscoa com Cristo.

O cristão participa do memorial da salvação realizado em Cristo e daí configura toda sua forma de ser, de estar e de agir no mundo. É o sacrifício espiritual do cotidiano oferecido em cada Eucaristia com o objetivo de participar existencialmente do sacrifício do Senhor. "Fazei de nós uma oferenda perfeita". A liturgia torna-se o ponto de encontro da vida cristã com o memorial da salvação. É a comunhão da Trindade com o ser humano – admirável sinergia (cooperação).

Como o símbolo se revela

1 Deus se revela

Deus nunca é conhecido diretamente nele mesmo, mas sempre junto com a criação. O Espírito de Deus não se revela em totalidade e diretamente a nós. Ninguém nunca viu a Deus cara a cara. Somente Jesus Cristo é o Filho amado de Deus, que se encarnou e nos revelou o Pai e nos deixou o Espírito Santo.

"O homem disse à amendoeira: irmã, fala-me de Deus! E a amendoeira floresceu" (Provérbio árabe). A pessoa de fé é convidada a mergulhar na luz divina que brilha dentro do mundo. A Carta de São Paulo aos Romanos 1,19-20 diz: "o que de Deus se pode conhecer é a eles manifesto, já que Deus mesmo lhes deu esse conhecimento. De fato, as perfeições invisíveis de Deus – não somente seu poder eterno, mas também a sua eterna divindade – são percebidas pelo intelecto, através de suas obras, desde a criação do mundo".

"Para onde irei, longe do teu espírito? Para onde fugirei da tua presença? Se subo ao céu, lá estás, se desço ao abismo, aí te encontro" (Sl 139,7-8).

Deus se comunica de muitas maneiras (cf. Hb 1,1) e, nessas comunicações, ele mesmo se doa, abre aos seres humanos o horizonte que supõe sua vocação divina e lhes capacita para que sigam respondendo ao seu amor.

A experiência de Deus é a experiência de estarmos vivos, despertos para o mistério do universo, atentos às criaturas todas, movidos pelo espanto, cheios de admiração por tudo, a começar por nossa própria existência! Que impressão nos causa: a imensidão do mar e o infinito do céu pontilhado de estrelas; a diversidade de forma, colorido e perfume das flores; o sabor dos frutos nutridos pela mesma terra... E quem somos nós em meio a tudo isso?

Quem somos nós, afinal? Somos animais em processo de humanização, de espiritualização. Somos a consciência da criação em busca da sua plena realização. Somos seres de desejo, incompletos, mas abertos para o que está além de tudo o que os nossos sentidos podem captar.

Abertos para a indagação do sentido da vida e da morte, do sofrimento e da alegria, da nossa miséria, de nossa pequenez, de nossa limitação e da nossa vocação para ser mais... Abertos para o mistério que nos envolve, nos atrai e nos chama para entrar em harmonia com a presença misteriosa e atuante a que chamamos de Deus.

Todas as criaturas trazem marcas de Deus e assim se constituem em vestígios do Criador. Deus, em sua bondade e sabedoria, criou o ser humano para tornar-se seu amigo e participante de sua felicidade e o capacitou para receber os sinais de seu amor. Toda a criação e o mistério que a ele mesmo o envolve são um reclamo que lhe interroga e o leva a ir atrás das pegadas que Deus deixou em suas criaturas.

O relato da criação acentua as marcas de Deus gravadas nos seres humanos. "Ele os criou à sua imagem e semelhança" (Gn 1,27). Tais traços nunca poderão ser apagados no ser humano. São marcas divinas no terreno humano. Por ser imagem de Deus, cada um de nós tem sua dignidade como pessoa humana. É capaz de conhecer-se, de doar-se livremente e entrar em comunhão com outras pessoas. Somos chamados, por graça, a uma Aliança com nosso Criador, a oferecer-lhe uma resposta de fé e de amor.

Por isso o ser humano ocupa um lugar singular no universo e, "no efêmero, pode ler o Permanente; no temporal, o Eterno; no mundo, Deus. Então o efêmero se transfigura em sinal da presença do Permanente; o temporal em símbolo da realidade do Eterno; o mundo em grande sacramento de Deus".[1] O ser humano se abre para um conhecimento que está além das coisas sensíveis, daquilo que se pode tocar, comer, comprar, olhar... Alcançar o fundamento último de sua existência é uma inquietude que faz seu coração pulsar e buscar uma explicação para sua passagem neste mundo.

A experiência de Deus

O encontro com Deus está atravessado por um mistério paradoxal: o ser humano crê que é ele quem busca a Deus e implora sua companhia, e resulta que é Deus quem saiu em seu encalço e, por todos os caminhos

---

[1] BOFF, Leonardo. *Os sacramentos da vida e a vida dos sacramentos. Mínima sacramentalia*. Petrópolis: Vozes, 1984. p. 9.

e de múltiplas maneiras, vence suas defesas, o atrai e o capacita para responder.

Pela Revelação, Deus rompe o nosso silêncio e a nossa solidão com sua *proposta de comunhão*. A fé se apresenta, então, como graça, como dom. É Deus que toma a iniciativa de uma relação pessoal: pela fé somos chamados à comunhão.

O amor de Deus precede a nossa busca por ele. Ele nos amou primeiro. O Deus do Antigo Testamento é um Deus que ama de maneira intensa e profunda, como o pai ama seus filhos e o esposo, sua esposa. E o mais surpreendente é que esse amor de Deus não depende do fato de que nós o mereçamos ou não: ele é pura, profunda, generosa e totalmente gratuidade. A grandiosidade e o tudo desse amor pode ser resumido pelas singelas palavras: "Eu amo vocês" (Ml 1,1). E a confiança nesse amor é tão grande que faz o salmista entregar-se a Deus "como uma criança desmamada no colo da mãe" (Sl 131,2).

Com um olhar de fé podemos refletir e perceber as ações de Deus em nossa vida. Necessariamente, não precisa ser um grande acontecimento que nos envolva. O Senhor se manifesta em nossa vida e deixa as suas marcas. A passagem dele é transformadora e nunca deixa as coisas como estavam antes, tampouco sua vontade coincide com os nossos desejos. Dizia o teólogo Bonhoeffer: "eu não entendo os teus caminhos, Senhor, mas tu abres os caminhos que devo andar". Dessa forma, entra em jogo nossa capacidade de unir a fé com a vida, de saber ler nos acontecimentos e em nossas buscas, desilusões e conquistas a manifestação do Senhor.

Nossa vida é um contínuo exercício de liberdade e de acolhida da novidade do Espírito que nos impulsiona a perceber a vontade de Deus nos acontecimentos diários. É a oportunidade única de realizarmos o projeto de Deus e cumprirmos nossa vocação de filhos de Deus na história.

Na comunidade recebemos a Palavra que "é mais penetrante que qualquer espada de dois gumes e julga os pensamentos e as intenções do coração" (Hb 4,12), e revela nossas reais intenções. Assim a comunidade torna-se o lugar da experiência de Deus. O Pai reúne seus filhos ao redor da mesa, o que implica participar do banquete e aceitar a proposta de Cristo em nossa existência. Enfim, deixar o Espírito Santo transformar nosso modo, na maioria das vezes interesseiro, de ver as pessoas e os acontecimentos.

Símbolo

A sadia convivência humana gera símbolos que tornam presente o Reino. Esses símbolos encerram valores do Evangelho, humanizam e revelam Deus, por exemplo: um gesto de solidariedade, um sinal de acolhida, um olhar de ternura, a caridade sincera, a gratidão... É só lembrar os gestos de Jesus Cristo ao curar os doentes, perdoar os pecadores, expulsar os demônios, ser batizado, participar das bodas, abençoar as crianças, comer e beber com os pecadores, ressuscitar os mortos, colocar-se em oração.

Nossa vida familiar está marcada por sinais que há muito tempo deixaram de ser simples elementos comuns para transformarem-se em símbolos carregados de lembranças. Vamos ter presente os gestos de bondade e de carinho que acompanham toda a nossa existência. Muitos deles ficaram imortalizados numa pedra, bracelete ou simples objeto que se ligam diretamente a um fato muito significativo para nós. Costumamos dizer que têm um valor afetivo. Na verdade, esses objetos passam a valer muito mais do que são, deixam de ser simples objetos. O símbolo tem essa propriedade: *torna presente o ausente.*

O símbolo contém parte daquilo que significa. Não só nos informa, mas também nos faz entrar numa dinâmica própria, introduzindo-nos numa ordem de coisas a que ele mesmo já pertence. A ação simbólica produz, à sua maneira, uma comunicação, uma aproximação. Tem poder de mediação com a pessoa humana e a realidade com a qual se relaciona.

Por exemplo, os noivos que entregam um ao outro o anel de casamento não pretendem apenas demonstrar o seu amor: é uma linguagem que vale por muitos discursos. O símbolo concentra em si mesmo a realidade humana e a divina, contendo um pouco de cada uma. O "símbolo", por sua própria etimologia (*sym-ballo*, "re-unir", pôr junto duas partes de uma mesma coisa que se achavam separadas), apresenta uma qualidade unitiva. O símbolo estabelece certa identidade afetiva entre a pessoa e uma realidade profunda que não se chega a alcançar de outra maneira.

Neste tempo de mudança de época, a sociedade cria novos padrões de cultura e de relacionamento. Se, antigamente, aprendíamos a nos apegar a momentos vividos intensamente e a simbolizá-los com este ou aquele objeto, estabelecendo referências por toda uma vida, a dinâmica da era digital, com sua renovação incessante, cultiva naturalmente o desapego porque tudo é superado muito rápido. Como princípio de evolução há que sempre descartar para aderir ao novo.

A era virtual traz novos desafios para a linguagem litúrgica. Podemos medir o impacto da linguagem virtual sobre as novas gerações acostumadas a viver nas telas entre o real e o imaginário, a se extasiar com os efeitos galácticos dos shows, da abertura dos jogos olímpicos, da magia das torcidas nos estádios. Num mundo alucinado e bombardeado de imagens, diminuímos nossa capacidade de admiração, de contemplação no silêncio e de expressão de nossos sentimentos com o corpo, gestos ou olhar.

Por outro lado, agora somos mais sensíveis ao sentido das coisas, abstraímos mais facilmente. O tempo corre mais rápido. A instantaneidade da divulgação dos fatos encurta distâncias e nos tornamos menos formais, pois é preciso ser objetivos e diretos. Esses elementos favorecem a expressão orante da mesma fé que a catequese cultiva, pois tornamo-nos mais intuitivos, abertos às novas possibilidades e ao desconhecido.

Como promover o encontro com Deus por meio dos sinais? Podemos avaliar: que força ainda tem um pouco de água, a luz tremulante de um círio, o pão e um cálice com pouco de vinho, o óleo e o incenso perfumados? Qual é a força da Palavra proclamada numa celebração?

Educação simbólica

Há que criar uma nova mentalidade de relacionamento com o símbolo e destacar exatamente o que não pode ser medido nem domesticado pela inteligência humana. Por exemplo, contemplar o mistério da luz de um círio que se destaca na escuridão da noite; admirar a Palavra criadora que tem o poder de fazer surgir a beleza da natureza ou intervir nas situações mais inusitadas da vida humana...

Ajudar o catequizando a vivenciar os símbolos e gestos celebrados como realidades divinas fazem parte da educação de sua fé. Os símbolos provocam e possibilitam a experiência de Deus em nossa vida.

Cremos que os símbolos fundamentais da liturgia: água, luz, pão, sopro... constituem uma reserva de mistério que sempre questionará o ser humano e aguçará sua capacidade transcendente de explorar o mundo. Eis a chance que a liturgia dispõe para abrir caminhos de fé e de esperança.

Assim, como as coisas comuns nos envolvem e nos dizem mais do que aparentemente mostram, a liturgia nos ensina a descobrir o mistério de Cristo presente no mundo através de nossos cinco sentidos. Aquilo que os ouvidos ouvem, os olhos veem, as mãos tocam, o olfato sente, o paladar degusta – eis o lugar do nascimento da experiência simbólica.

2 Os sacramentos

A nossa vida é tecida de sinais e de símbolos de acontecimentos de nossa história que nos põem em comunicação uns com os outros. O ser humano tem necessidade de sinais e de símbolos, que exprimam situações pessoais e aquelas fundamentais da vida: nascer, crescer, casar-se, morrer. Essa linguagem simbólica também é a forma de Deus se comunicar conosco.

Deus se revela e age em nossa história num diálogo constante de providência e amor. De maneira mais ampla a Bíblia traça, em grandes etapas, a história da aliança de Deus com a humanidade, na qual o Senhor como um noivo/marido ciumento conduz o povo/a noiva. Tal revelação não aconteceu abruptamente. Imaginemos a linha do tempo, desde a criação até a segunda vinda triunfal de Jesus.[1]

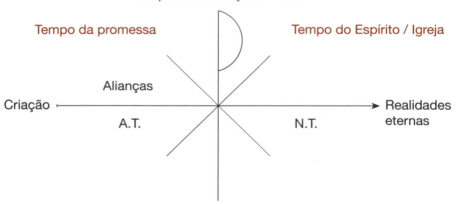

Diante da recusa de nossos primeiros pais de viver o projeto de Deus, a história da salvação é um contínuo ato de amor de Deus de querer formar um povo. No Antigo Testamento, o Senhor se revelou de maneira pessoal e determinante.

---

[1] Para aprofundar o tema sobre os tempos da história da salvação, remetemos ao livro: NUCAP; PASTRO, Claudio. *Iniciação à liturgia*. São Paulo: Paulinas, 2012. caps. 2-5.

Inicialmente, a Bíblia registrou os passos desse diálogo com o povo eleito de Israel que respondeu ao longo de sua história com momentos de fidelidade e recusa à aliança. Lembremo-nos da aliança que fez com Abraão, da descendência de Jacó, do chamado de Moisés para libertar o povo; depois vieram os juízes como Samuel, os reis como Saul, Davi e Salomão, e juntamente com eles todos os profetas. Estes defenderam incansavelmente a fidelidade à aliança com o Senhor estabelecida por Moisés no Monte Sinai: "Eu serei o vosso Deus, e vocês serão o meu povo". Esta etapa da história é chamada de *tempo da preparação*, pois os profetas anunciaram uma aliança ainda mais perfeita, que foi concretizada com a vinda do Messias.

Jesus Cristo, sacramento original[2]

Num segundo momento, o próprio Deus veio nos visitar e trazer a salvação com a encarnação, morte, ressurreição e ascensão do seu Filho. Cristo entrou na história de modo definitivo como centro absoluto, chave e fim de todas as coisas e de todos os tempos.

O tempo da promessa se encerrou com João Batista, o único que profetizou a vinda do Salvador e o viu: "Eis o cordeiro de Deus, aquele que tira o pecado do mundo" (Jo 1,29). Em Jesus se concretizou a chegada do Reino de Deus. Este é o *tempo da realização* das promessas.

Se há pouco tratamos dos sinais de Deus presentes na criação, o sinal contundente da comunicação de Deus em nossa história humana é a encarnação de seu Filho: Jesus de Nazaré.

Jesus é a máxima comunicação de Deus porque, em primeiro lugar, ele é o Filho de Deus. Graças à encarnação, Cristo uniu definitivamente em si mesmo, de modo admirável, Deus ao ser humano e o ser humano a Deus. Em Jesus, a natureza divina se encontra de maneira perfeita com a natureza humana, formando uma só Pessoa. Por isso, ele é a origem do que chamamos sacramento. Algo que é deste mundo, mas contém outra realidade, pois sua humanidade nos remete para além dos limites de seu corpo. E é próprio do sacramento ir do humano ao divino.

O termo "sacramento" vem do latim *sacramentum* (em grego *mystérion*) e serve para indicar um sinal, um sinal revelador de algo que imediatamente não se vê. Mas por que os sacramentos, por que os sinais na fé?

---

[2] Este capítulo foi escrito com a colaboração do Pe. Vicente Frisullo.

Sacramento significa sinal, algo que indica, mostra o que não se vê, tornando-o, de certa maneira, visível. Jesus é o *sacramento primordial*, o sinal primeiro que dá origem a todos os outros sinais da fé. Podemos entender isso lembrando a resposta de Jesus a Filipe, que pedia: "Senhor, mostra-nos o Pai!", ao que ele respondeu: "Quem me viu, viu o Pai" (Jo 14,8-9). Para mostrar ao mundo o seu amor, Deus Pai enviou seu Filho feito homem, visível, palpável, ao alcance de toda pessoa. Quando Jesus fala, é o Pai que fala; quando Jesus cura, é o Pai que cura; quando Jesus perdoa, é o Pai que perdoa, pois ele veio para revelar o Pai: Jesus é sacramento, é o sinal visível que revela o rosto do Pai, invisível (cf. Cl 1,15).

Ele, o Messias, foi ungido pelo Espírito no seu Batismo no Jordão e, por isso, o possui em plenitude. Esse mesmo Espírito o conduz a cumprir a vontade do Pai de salvar a humanidade, a superar o ódio e a vingança que o pecado disseminou entre os humanos.

Jerusalém celeste

Cristo Jesus passou em seu Mistério Pascal a uma nova forma de existência. Foi constituído "Senhor" e primogênito de toda a criação. Entrou definitivamente na esfera do Espírito e vive para o Pai. *Esta é a etapa final da história da salvação.* O último capítulo da Bíblia finaliza esse diálogo de amor com imagens esponsais; relata as bodas do Cordeiro com a humanidade. "Vem! Vou mostrar-te a noiva, a esposa do Cordeiro. Então, mostrou-me a cidade santa, Jerusalém, descendo do céu, de junto de Deus, brilhando com a glória de Deus" (Ap 21,9b.10b-11).

A Igreja, sacramento de Cristo

Ao ser exaltado na cruz e glorificado à direita do Pai, Jesus Cristo não nos deixa só. Disse Jesus: Eu vou para junto do Pai, mas não os deixarei órfãos, eu lhes darei o Espírito Santo (cf. Jo 14,15), o defensor, aquele que lhes lembrará tudo o que ensinei (cf. Jo 15,26). "Quando ele vier, o Espírito da Verdade, vos guiará em toda a verdade" (Jo 16,13). Jesus sopra o Espírito da Ressurreição sobre os apóstolos para que eles continuem no mundo sua ação salvadora (cf. Jo 20,22).

Cristo inaugura o Reino dos Céus em sua etapa terrena, confiando à Igreja, que é neste mundo como que o germe e o começo deste Reino com a missão de torná-lo conhecido de todos os povos. A vinda do Reino realiza-se, sobretudo, pelo mistério pascal de Jesus Cristo. Elevado ao céu e glorificado, tendo assim cumprido plenamente sua missão, ele permanece na terra em sua Igreja.

Da mesma forma, assim como Jesus torna visível Deus Pai na história, a Igreja torna visível Jesus ressuscitado do qual é o sacramento, o sinal entregue à história. O Concílio Vaticano II, a este propósito, apresenta a Igreja "como um sacramento ou sinal e instrumento da íntima união com Deus e da unidade de todo o gênero humano".[3] Também aqui aparecem os elementos da *visibilidade* (sacramento, sinal) e da *relacionalidade* (união).

A Igreja é sacramento por sua própria realidade de esposa e corpo de Cristo, e unida indissoluvelmente por sua cabeça (Jesus Cristo) no Espírito Santo. O Espírito vai edificando a Igreja e fazendo-a crescer. O Concílio Vaticano II chamou a Igreja de *sacramento universal da salvação* e destacou que a sua principal realidade é mistérica, invisível. A Igreja encontra toda a sua razão de ser ao formar e conduzir o povo de Deus para a plenitude do Reino. A Igreja "recebe a missão de anunciar e instaurar em todas as gentes o Reino de Cristo e de Deus, e constitui ela própria na terra o germe e o início deste Reino".[4]

Cristo ressuscitado, presente em nossa história, continua sua presença no mundo por meio da Igreja, seu corpo, em seus sinais visíveis: os gestos sacramentais. A Igreja é o sacramento de Cristo celeste, o sinal e o instrumento visível do Senhor glorioso sobre a terra. Em sua totalidade, a essência da Igreja consiste em ser um prolongamento sacramental da ação de Cristo no mundo.[5]

É a Igreja que ministra o sacramento. Por meio da Igreja, é o próprio Senhor Ressuscitado que atua, pois ela é o seu Corpo. É esse o sentido mais profundo da presença de Jesus nos sacramentos e na atuação da Igreja. Em qualquer lugar que haja uma comunidade celebrante, o ministro que preside a comunidade é o próprio Cristo que atua e se faz presente.

---

[3] CONCÍLIO VATICANO II. Constituição dogmática *Lumen Gentium* sobre a Igreja, n. 1.

[4] Ibid., n. 5.

[5] Cf. ROCCHETTA, Carlos. *Os sacramentos da fé*; ensaio de teologia bíblica sobre os sacramentos como "maravilhas da salvação" no tempo da Igreja. São Paulo: Paulinas, 1991. pp. 171-174.

A Escritura nos descreve o mistério da Igreja dizendo que nela habita o Espírito (1Cor 3,16). A comunidade cristã, Corpo de Cristo (1Cor 12,2), é o verdadeiro templo da nova Aliança. O Espírito que nela habita realiza o que prefigurava o Templo, lugar onde habitava a glória de Deus. "É grande esse mistério, refiro-me à relação entre Cristo e a sua Igreja" (Ef 5,32). Germe antecipatório da união de Deus com a humanidade.

Os sacramentos como "toques" de Jesus

Jesus nos permite entrar em contato com Deus Pai, de uma forma toda original. O contato é um elemento fundamental da "relacionalidade humana", e Deus vem ao nosso encontro atendendo e saciando esta necessidade humana de contato.

O encontro com Cristo é essencial à nossa salvação. "O encontro com Jesus Cristo suscita uma profunda experiência de fé, que confere aos discípulos uma insuperável inteligência da verdade e do amor de Deus. Uma compreensão nova ilumina suas vidas e os insere no coração amoroso de Jesus redentor."[6]

Mas como podemos entrar em contato com alguém que não tem corpo, elemento essencial da "relacionalidade" humana, sendo ele invisível? No tempo de Jesus, as pessoas entravam em contato com ele: ouviam a sua palavra, o tocavam e se faziam tocar, e eram beneficiados por esse contato físico. Os seus contemporâneos não precisavam de sinais, de sacramentos da sua presença: Jesus estava ali. Os evangelhos nos oferecem diversos testemunhos:

- Jesus toca a sogra de Pedro e a liberta da febre (Mt 8,15);

- o chefe da sinagoga pede que Jesus ponha a mão sobre a sua filha gravemente doente com a certeza de que "ela viverá" (Mt 9,18);

- Jesus estende a mão sobre o leproso, o toca dizendo: "Eu quero, fica purificado" (Mc 1,41);

- Jesus toca nos olhos dos dois cegos e eles são curados (Mt 9,29);

- Jesus unge os olhos do cego de nascença e ele, lavando-se, é curado (Jo 9,1ss);

---

[6] CNBB. *Anúncio querigmático e evangelização fundamental*. Brasília: Edições CNBB, 2009. n. 61.

- toda a multidão procurava tocar em Jesus, porque uma força saía dele, e curava a todos (Lc 6,19).

A salvação consiste no encontro-contato com Jesus, o único salvador. Depois da ressurreição, só podemos entrar em contato com Jesus ressuscitado de *forma sacramental*, através dos sinais, mas o fato desse encontro ser *sacramental* não tira nada da sua *realidade*.

Nos sacramentos Jesus "não se apresenta como ele é, mas como ele quer que nós o consideremos; como ele quer que nos aproximemos dele. Ele se apresenta sob o aspecto de sinais, de sinais especiais, de signos expressivos, escolhidos por ele, como para nos dizer: olhai-me assim, me conheçam assim; os sinais do pão e do vinho vos digam o que eu quero ser para vocês. Ele nos fala por meio desses sinais, e nos diz: agora, dessa forma, eu estou no meio de vós".[7]

Nas catacumbas de São Pedro e Marcelino, em Roma, na parede detrás do altar, há o afresco da mulher hemorroíssa no ato de tocar em Jesus: "Se eu conseguir tocar na roupa dele, ficarei curada!" (Mc 5,25-34).

[7] PAULO VI. Eucaristia: presenza, dono, mistero. In: MALNATI, Ettore (org.). *Omelia alla processione del Corpus Domini*. Roma 28/05/1970. Cinisello Balsamo: Ed. San Paolo, 2005. p. 71.

Esse mesmo pensamento se encontra também em Marcos 6,56, a propósito dos doentes que eram levados diante dele: "pediam que pudessem ao menos tocar a barra da roupa de Jesus. E todos os que tocaram, ficaram curados".

É interessante notar que atrás do altar, onde é celebrada a Eucaristia, não há símbolos ligados à Eucaristia (ceia, pão, vinho, uva, espigas, peixes, cordeiro etc.), como seria normal encontrar, mas a imagem da hemorroíssa. A catequese é clara: na liturgia, nos sacramentos, no caso específico da Eucaristia, nós tocamos e nos fazemos tocar por Jesus, e somos salvos! Aqui está a razão de ser dos sacramentos. Isso significa que as palavras e as ações de Jesus, quer dizer, os *mistérios* da sua vida, são os fundamentos da graça que hoje ele dispensa nos sacramentos. Entendendo os sacramentos como "toque", podemos compreender melhor como eles são "forças" que saem do Corpo de Cristo, como frequentemente é afirmado nos próprios evangelhos.[8]

São João Crisóstomo (349-407), comentando o episódio do sepulcro vazio do evangelho de Mateus, a propósito das mulheres que tocaram os pés de Jesus ressuscitado (Mt 28,9), diz: "Talvez alguém queira, como elas, tocar os pés de Jesus... hoje vocês podem tocar não só a cabeça, e as mãos, mas também o corpo sagrado e gozar dos sagrados mistérios (sacramentos)".[9]

São Leão Magno (Papa de 440 a 461), num dos seus célebres *Sermões* sobre a Ascensão, afirma que "Tudo o que havia de visível em nosso Redentor passou para os ritos sacramentais".[10]

Se a vida de Jesus *passou* para os sacramentos, significa que ele "nos encontra" nos sacramentos e que cada sacramento, no entender de Jesus, é uma oportunidade que ele nos oferece para encontrá-lo. O episódio de Emaús, relatado por Lucas (24,13-35), nos transmite claramente esta mensagem: a presença física de Jesus é substituída pelo sinal do pão na Eucaristia ou, como diria São Leão Magno, passou para o rito sacramental da Eucaristia.

---

[8]   Cf. *Catecismo da Igreja Católica*, n. 1116.

[9]   *Omelie sulla passione del Signore.* Patrologia Grega 58, 729-794. "La tomba vuota", 9. Tradução de Lucio Coco. Padova: Ed. Messaggero, 2006. p. 195.

[10]   LEÃO MAGNO. Segundo sermão na Ascensão do Senhor; PL 54, 398. In: *Sermões.* São Paulo: Paulus, 1996. p. 174. (Patrística 6).

Sacramentos, então, não são simples sinais. Enquanto "sinais sensíveis e eficazes da graça", eles produzem o que significam. Os elementos, visíveis e tangíveis, utilizados nos sacramentos têm a finalidade de garantir o contato com Cristo ressuscitado e estabelecer assim uma relação com ele. O fato de esse encontro ser "sacramental" não significa que não seja real. Neles e por eles, temos a certeza de que Jesus continua comunicando, no hoje da nossa história, a salvação, pois os sacramentos são, para nós, cristãos, o código de reconhecimento do Ressuscitado e o traço, a pegada, da sua presença vivificante em nossa história.[11]

Toda celebração é uma oportunidade que Jesus nos oferece para encontrá-lo. Claro que temos vários modos de encontrá-lo, por exemplo, na Palavra, na comunidade eclesial, no amor ao próximo, sobretudo no mais necessitado (Mt 25,35-45), mas nos sacramentos, sobretudo na Eucaristia, podemos "tocar" com a mão a realização constante da promessa de Jesus: "Eis que eu estou convosco todos os dias, até o fim dos tempos" (Mt 29,20). E todas as vezes que a Igreja cumpre a ordem do Senhor: "Fazei isto em memória de mim" (Lc 22,19), nos oferece a graça do *encontro* com Jesus.

Nos sacramentos e pelos sacramentos, Jesus se adéqua à nossa condição humana que tem necessidade de ver, de ouvir, de dialogar e tocar.

Os sacramentos nascem da Páscoa de Cristo

Todos os sacramentos procedem da Páscoa. Desde o dia do Batismo, em que fomos submergidos em Cristo até a hora da morte, "a última Páscoa do cristão",[12] todo o caminho é uma vivência progressiva da Páscoa de Cristo comunicada a cada um de nós. O sacramento poderá ser pontual em nossa vida, mas a fonte da qual emana a sua força é sempre Cristo, o Senhor Ressuscitado, vivo e vivificante, que nos comunica sua Páscoa.

---

[11] Cf. SCOUARNEC, Michel. *Símbolos cristãos*; os sacramentos como gestos humanos. São Paulo: Paulinas, 2004.

[12] Cf. *Catecismo da Igreja Católica*, nn. 1680-1683.

Cada sacramento celebra a Páscoa, torna-a viva e atuante naqueles que a celebram de acordo com o sinal do mesmo sacramento. Assim, o banho d'água com suas três imersões torna patente a participação no mistério da morte e do sepultamento de Cristo; os noivos, prontos para dizer sim por toda a vida diante da Igreja reunida, participam do amor indefectível de Cristo à sua amada esposa, a Igreja, que por ela entregou-lhe toda a sua vida.

Dessa forma, a vida cristã consiste na configuração existencial à cruz, ao dizer sim ao projeto de Deus e livremente assumindo a cruz como expressão de amor e de entrega da própria vida. A Páscoa que é de Cristo, nossa Cabeça, passa a ser assumida por todos nós, que somos os seus membros. O cristão vive o mesmo destino do Senhor, inclusive até a cruz: "Se alguém quer vir após mim, renuncie a si mesmo, tome a sua cruz e siga-me" (Mc 8,34).

Os sete sacramentos

Os sete sacramentos são o patrimônio espiritual de grande valor que a Igreja recebeu de Jesus. O número sete, que foi se esclarecendo e se impondo ao longo da história, contém uma forte carga simbólica: ele indica que toda a vida do cristão, do nascimento (Batismo) até a doença (Unção), é marcada pela presença de Jesus. Por isso, pode-se facilmente constatar que toda a vida litúrgica da Igreja gravita em torno dos sacramentos e estes, em torno da Eucaristia, como fonte, coração e ápice da vida e da missão da Igreja.

Considerando que existe certa analogia (semelhança) entre as etapas da vida e os sacramentos, costuma-se organizar os sacramentos a partir da função e do lugar que eles têm nos diversos momentos da vida do cristão, daí a distinção em:

- sacramentos da *iniciação cristã*: Batismo, Confirmação, Eucaristia;

- sacramento da *cura*: Reconciliação e Unção dos enfermos;

- sacramentos do *serviço*: Ordem e Matrimônio.

Os sacramentos são instrumentos que Jesus colocou nas mãos da Igreja com a tríplice finalidade de:

- santificar os batizados que deles se aproximam;

- edificar o Corpo de Cristo que é a Igreja, daí a célebre expressão: "Os sacramentos fazem a Igreja";

- prestar culto de louvor a Deus.

Nem todas as Igrejas cristãs reconhecem os sete sacramentos; algumas reconhecem somente o Batismo como único sacramento deixado pelo Senhor Jesus.

3 Mistagogia

A catequese conduz o batizado à participação plena, ativa e frutuosa na liturgia. Ajudar o catequizando a fazer a experiência dos símbolos e gestos celebrados faz parte de uma educação que o leva a experimentar os sinais tão simples e tão humanos da liturgia não apenas como elementos deste mundo, mas, aos olhos da fé, também como realidades divinas. Além de prepará-lo para tomar contato direto com a graça de Deus nas celebrações, relacionar-se filialmente com o Pai e unir-se à oferta de Jesus, oferecendo a própria vida.

Por muito tempo liturgia e catequese andaram separadas. Antigamente, no início do cristianismo, não era assim. Anunciar, celebrar e viver a fé era um ato só. Celebrava-se como se vivia e se acreditava.

Até meados do século V era comum o Batismo de adultos após um longo período de preparação genericamente chamado de catecumenato. A pedagogia usada pelos catequistas e comunidade proporcionava uma rica experiência de interação da catequese com *as celebrações da Palavra*, *as bênçãos, exorcismos, as entregas do Creio e do Pai-Nosso, os escrutínios e a conversão progressiva* que se esperava do candidato. Durante esse tempo, a metodologia se organiza no mistério da fé e estabelece expressões litúrgicas mais coerentes com o anúncio e a vivência da fé.

O cume da iniciação dos adultos acontecia na celebração dos três sacramentos – Batismo, Confirmação e Eucaristia – na Vigília Pascal. O período posterior continuava no Tempo Pascal. As catequeses mais importantes, ditas mistagógicas – que introduziam o indivíduo no entendimento do mistério da fé –, ocorriam após a experiência vivida na vigília pascal. Nesse tempo, partia-se do princípio de que, uma vez iluminados pela fé do Batismo, os *neófitos* (recém-iluminados/batizados) achavam-se habilitados a compreender melhor a experiência dos sacramentos. Por isso que, durante todo o tempo de preparação, nada se falava sobre os mistérios contidos nos sacramentos.

Portanto, a *mistagogia* propriamente dita constituía o último tempo da iniciação cristã dos adultos. *Pois, não era costume tratar dos sacramentos antes de eles terem sido celebrados.*

Hoje, vemos com esperança o retorno a essa metodologia, também chamada pedagogia catecumenal, em nossa prática catequética. A catequese, como já ocorria nos primórdios da Igreja, deve tornar-se um caminho que introduza o cristão na vida litúrgica, ou melhor, no mistério de Cristo, "procedendo do visível ao invisível, do sinal ao significado, dos sacramentos aos mistérios",[1] sempre com o mesmo objetivo de levar à vivência da fé. "A liturgia, com seu conjunto de sinais, palavras, ritos, em seus diversos significados, requer da catequese uma iniciação gradativa e perseverante para ser compreendida e vivenciada."[2]

A mistagogia é a arte de sermos iniciados no mistério da Páscoa de Cristo, da qual ganha sentido todos os atos salvadores de sua vida e que são atualizados na celebração da liturgia de acordo com o sinal empregado. A celebração litúrgica une a Palavra ao gesto ou elemento. Assim, um pequeno gesto se transluz e se torna magnífico porque cumpre a profecia da Palavra em nosso tempo como graça transformadora e efetiva do Espírito Santo na vida do cristão.

O diálogo de amizade do divino com o humano se expressa por "ritos e preces", por meio de sinais que precisam ser decodificados. É a sinergia ou ação conjunta de todo o Corpo unido à sua Cabeça. É a Igreja que cuida, sara, reconcilia, alimenta, abençoa seus membros para que todos sejam um em Cristo e ela mesma, tal como uma noiva que se prepara para as bodas com o Cordeiro. O Ressuscitado e seu Espírito Santo agem conjuntamente conduzindo o fiel para os braços do Pai.

> Mistagogia significa "ser introduzido no mistério", ou seja, no plano salvífico de Deus de salvar o mundo em Cristo (cf. Ef 1,3-13). Este é o grande mistério: o Pai amou tanto o mundo que nos enviou o seu único Filho para nos salvar. Por sua vez, Cristo nos ama até o fim. O Pai o ressuscita e em Cristo alcançamos a vida eterna.

---

[1] *Catecismo da Igreja Católica*, n. 1075.

[2] CNBB. *Diretório nacional da catequese*. São Paulo: Paulinas, 2006. n. 120. (Documentos da CNBB, n. 84).

Mistérios são todos os atos salvíficos protagonizados por Jesus neste mundo, como também os acontecimentos que envolvem a sua pessoa: encarnação, paixão, morte, ressurreição, ascensão... todos esses acontecimentos salvíficos atingem diretamente a todo batizado.

Mistério é sempre uma revelação por parte de Deus de algo conhecido só por ele. Por exemplo, proclamando o Batismo, Deus nos revela que nos quer seus filhos, membros de sua família. Promovendo a Eucaristia, revela-nos que ele mesmo quer ser nosso alimento espiritual.

A Constituição Dogmática *Lumen Gentium* do Vaticano II, nn. 2-5, descreve admiravelmente o Mistério de Deus ao apresentar: o desígnio salvífico universal do Pai; a missão e obra do Filho; o Espírito santificador da Igreja e o Reino de Deus. A liturgia possibilita que tomemos parte neste grande mistério ou nestes mistérios pela ação ritual dos sacramentos. Mais do que uma pobre ação humana, a dimensão descendente da liturgia oferece-nos a graça da santificação, como uma fonte, para entrarmos em contato com a Trindade Santa como povo de Deus.

O tempo da mistagogia na iniciação cristã

Atualmente, o tempo pascal, tido como tempo da mistagogia dos adultos batizados na Vigília Pascal, foi restaurado pelo *Ritual de Iniciação Cristã de Adultos*. Os textos bíblicos deste tempo, particularmente os das missas dominicais, tratam destes sacramentos, da incorporação na Igreja, do alegre anúncio do Ressuscitado. É o momento de aprofundar essas realidades para que o recém-batizado possa aquilatar a transformação que aconteceu em seu interior.

Agora no tempo pascal, os neófitos, ajudados pela comunidade dos fiéis, e através da meditação do Evangelho, da catequese, da experiência sacramental e do exercício da caridade, aprofundam os mistérios celebrados.[3]

Mais que um tempo específico da iniciação cristã, a mistagogia torna-se um método de estudo dos sacramentos. Porque os Padres desta época querem ajudar os recém-batizados a passarem do pobre sinal visível do sacramento ao mistério de graça do qual são portadores.

---

[3] Cf. RICA, nn. 37-40; RICA, nn. 29-30. (A Iniciação Cristã, Observações preliminares gerais).

"O caminho de formação do cristão, na tradição mais antiga da Igreja, 'teve sempre caráter de experiência, na qual era determinante o encontro vivo e persuasivo com Cristo, anunciado por autênticas testemunhas'. Trata-se de uma experiência que introduz o cristão numa profunda e feliz celebração dos sacramentos, com toda a riqueza de seus sinais. Desse modo, a vida vem se transformando progressivamente pelos santos mistérios que se celebram, capacitando o cristão a transformar o mundo."[4]

"A catequese não prepara simplesmente para este ou aquele sacramento. O sacramento é uma consequência de uma adesão à proposta do Reino, vivida na Igreja. Nosso processo de crescimento da fé é permanente; os sacramentos alimentam esse processo e têm consequências na vida."[5]

Começar a ver

Os sinais sacramentais celebrados na liturgia nos possibilitam alcançar as realidades de nossa fé. Há necessidade de o mistério se apresentar de forma acessível aos nossos sentidos e, de outra parte, há a necessidade de continuamente apontarmos ao mistério para o sacramento ter razão de ser. Passamos dos sacramentos aos mistérios, ou seja, partimos do visível para o invisível, do sinal sacramental: água, luz, pão e vinho... para o mistério de salvação: água viva, luz do mundo, pão do céu, enfim, para a vida eterna.[6]

Os sentidos captam somente a figura exterior dos mistérios – o banho d'água, a unção com óleo, o banquete eucarístico –, porém o decisivo é a graça. Efetivamente, o rito visto somente de fora não oferece automaticamente o significado de que é portador. Esse significado deve ser descoberto, revelado pela Palavra, pela catequese. Mais ainda, deve ser professado pela fé. A fé move as pessoas pela estrada que conduz ao mistério de Deus.

---

[4] *Documento de Aparecida*, n. 290.

[5] CNBB. *Diretório nacional da catequese*. São Paulo: Paulinas, 2006. n. 50 (Documentos da CNBB, n. 84).

[6] Cf. LELO, A. F. Mistagogia: participação no mistério da fé. *Revista Eclesiástica Brasileira*, n. 257, pp. 64-81, jan. 2005.

Santo Ambrósio,[7] ao fazer a homilia no tempo pascal sobre os sacramentos na presença dos recém-batizados, preocupa-se de que estes não se decepcionem diante da pobreza aparente dos símbolos celebrados. "Entraste. Viste a água. Viste o Bispo. Viste o levita. Alguns talvez digam: é só isso?"[8] Como tudo era sigiloso, eles esperaram mais de dois anos para serem batizados e, depois, encontraram ali apenas a pequena fonte e o presbítero. "Viste o levita, viste o sacerdote – não consideres seu aspecto exterior, mas a graça de seu ministério –, pondera o exercício de sua função e reconhece sua dignidade."[9]

Santo Ambrósio não hesita em afirmar que o eleito, ao entrar no batistério, não viu apenas a água, convida-o a meditar na ação do Espírito: sobre a água na criação do mundo; no dilúvio, quando a pomba retorna com o ramo de oliveira; ou mesmo no Mar Vermelho, quando o Espírito foi enviado e o perseguidor foi tragado pelas águas. Assim, não há por que deixar de acreditar que o sacramento opera além daquilo que os sentidos apresentam. "Não dês fé unicamente aos olhos de teu corpo. Melhor se vê o que é invisível. O primeiro é temporal, enquanto o invisível é eterno. Melhor se enxerga o que não se abarca com os olhos, mas se divisa pelo espírito e pela alma."[10] A condição humana marcada pelo pecado possibilita ver, com os olhos da carne, somente o que é temporal.

A experiência de enxergar para além daquilo que os olhos podem captar está continuamente presente na amplitude da capacidade de nosso conhecimento. Hoje, falamos de inteligência múltipla, de teoria molecular, ou então exaltamos as intuições de nossos sentimentos. Enfim, não nos restringimos aos limites da razão e dos nossos sentidos, assim como nos diz a canção: "Que a vida não é só isso que se vê/ É um pouco mais/ Que os olhos não conseguem perceber/ E as mãos não ousam tocar/ E os pés recusam pisar/ sei lá, não sei..."[11]

---

[7] Santo Ambrósio nasceu em 337 ou 339 e foi o prestigiado bispo de Milão – Itália. Aqui citaremos largamente sua obra: ARNS, P. E. (introd. e trad.); AGNELO, G. M. (coment.). *Os sacramentos e os mistérios*; iniciação cristã nos primórdios. Petrópolis: Vozes, 1972 (Fontes da Catequese 5). A primeira parte do livro – Os sacramentos – são homilias proferidas aos recém-batizados durante o tempo pascal, que foram anotadas por um estenógrafo. A segunda parte – Os mistérios –, muitos consideram como sendo o mesmo texto, agora sem repetições e preparado para a publicação.

[8] *Os sacramentos*, 1,10.

[9] *Os mistérios*, 6.

[10] Ibid., 15.

[11] *Sei lá Mangueira* (Hermínio Bello de Carvalho e Paulinho da Viola).

Enxergar com os olhos iluminados pela fé

A fé veio ao nosso encontro quando fomos batizados e a recebemos de maneira infusa e gratuita, sem mérito nenhum de nossa parte. Compreendemos que ter fé significa entrar na órbita da revelação do projeto de Deus, levado a efeito por seu Filho Jesus Cristo. A fé é, então, um acontecimento que concerne à pessoa toda e lhe permite entrar no universo da aliança com Deus: é um encontro pessoal e comunitário com Jesus Cristo, reconhecido como Deus que vem, salva e reúne.

A cura do cego de nascimento (Jo 9,1-7) permite a Santo Ambrósio falar da capacidade dada pelo Batismo de ver o invisível. Após o milagre, o que era cego começou a enxergar, com a visão humana, as coisas deste mundo. Porém, o grande milagre aconteceu quando, iluminado pela fé, passou a ver não somente com os olhos do corpo; por isso, reconhece Jesus como Messias. "Disse-lhe Jesus: 'Crês no Filho do Homem?'. 'Quem é, Senhor, para que eu nele creia?' Jesus lhe disse: 'Tu o estás vendo, é quem fala contigo'. Exclamou ele: 'Creio, Senhor!'. E prostrou-se diante dele" (vv. 35-37).

Cristo manda o cego lavar os olhos na piscina de Siloé (= enviado). Agora, nos diz Ambrósio: "vai àquela fonte em que o Cristo redime os pecados de todos" – refere-se à fonte batismal. Cristo é a fonte, o enviado e a luz. Aquele que foi batizado passa a enxergar com os olhos do coração o mistério de graça e de salvação realizado no sinal do sacramento.[12] Por isso, o Batismo é também chamado de iluminação, porque concede a luz da fé; em consequência, os batizados são denominados "fiéis". "Tu, que anteriormente parecias cego de coração", por Cristo, e através do Batismo te redimiste do pecado, purificaste os olhos e "te puseste a ver a luz dos sacramentos".[13]

Aqueles que conheciam o cego lhe diziam: "como, pois, te foram abertos os olhos?" (v.10). De outra parte, responde o santo mistagogo aos recém-iluminados: "Tomaste parte dos sacramentos e tens pleno conhecimento de tudo, uma vez que és batizado em nome da Trindade".[14]

"Tu foste. Tu te lavaste. Chegaste ao altar. Começaste a ver o que antes não havias visto, quer dizer: pela fonte do Salvador e pela pregação

---

[12] Cf. *Os sacramentos*, 3,12.

[13] Ibid., 3,15.

[14] Ibid., 6,5.

da Paixão do Senhor, se te abriram os olhos."[15] Agora seus olhos foram iluminados e enxergam mais que o simples pão, mais que o simples vinho; está capacitado para participar nos últimos e mais nobres mistérios, tem acesso ao altar.

Os sacramentos são "momentos de luz" na vida do cristão: cada um deles faz brilhar a luz do amor do Pai em forma e densidade diferentes. Não é à toa que os Padres da Igreja chamavam os batizados de *fotizomenoi* = iluminados! Comparação que pode ser estendida à ação de todos os sacramentos.

O Senhor se dá a conhecer espiritualmente através dos sinais sacramentais, que somente são reconhecidos mediante a fé. "A nós, porém, na plenitude da Igreja, importa compreender a verdade. Já não por um sinal, mas pela fé."[16] Ambrósio considera a sublimidade da fé, que conduz à eternidade, mais importante do que todas as realidades existentes: "Tu que deves a fé ao Cristo guarda esta fé, muito mais preciosa que o dinheiro. De fato, a fé equivale a um patrimônio eterno".[17]

Ter fé é decisivo para acolher a graça que os sacramentos oferecem. A luz da fé faz enxergar a ação salvadora de Deus. Assim, o simples banho batismal passa a ser a imagem da morte e ressurreição de Jesus. "Se fomos identificados a ele por sua morte, seremos semelhantes a ele também pela ressurreição" (Rm 6,5).

Igreja

Eis um exemplo de como os Padres se valiam dos ritos litúrgicos para fazer uma catequese inteiramente apoiada na Sagrada Escritura, que ajudasse o recém-batizado a se dar conta da grandeza do que lhe havia ocorrido na celebração e das consequências para a sua vida.[18]

---

[15] Ibid., 3,15.

[16] Ibid., 2,15.

[17] Ibid., 1,8.

[18] Recomendamos o aprofundamento do tema em: CHUPUNGCO, Anscar J. *Inculturação litúrgica*; sacramentais, religiosidade e catequese. São Paulo: Paulinas, 2008. pp. 147-191.

Lembremo-nos de que, na iniciação da Igreja dos séculos I ao V, durante a Vigília Pascal, os adultos desciam à fonte batismal e eram mergulhados. Depois subiam onde o bispo os esperava para ungi-los com o óleo do crisma. Eram revestidos das vestes brancas e entravam em procissão para a igreja. Santo Ambrósio se vale dessa procissão para explicar outro mistério grandioso, que somente os olhos da carne não são capazes de captar.

A procissão dos recém-batizados com vestes brancas dirigindo-se para a igreja constituía uma exemplar visão da Igreja sem rugas e sem pecado, pois estes tiveram seus pecados perdoados. A linguagem é de aliança e de núpcias com sua esposa. Ali está a imagem da Igreja livre da corrupção e senhora de toda beleza, que anda em direção ao Amado. Santo Ambrósio se apoia no livro do Cântico dos Cânticos e vê Cristo, atraído pela beleza da graça, dizer à Igreja em vestes brancas: "Põe-me como selo sobre o teu coração" – "tu és formosa e nada te falta".[19] "Atrai-nos após ti, corremos atrás do odor de tuas vestes, para sentir o odor da Ressurreição."[20]

Depois, os recém-batizados participavam da procissão das ofertas e da comunhão eucarística. Agora, têm acesso ao altar. Na comunhão eucarística, dá-se a aliança de incorporação na Igreja dos batizados em Cristo, pois o rei os introduz em seus aposentos. "Lá onde existem boas bebidas, bons perfumes, mel doce, frutas à escolha, iguarias variadas, para que tua comida seja condimentada com os mais numerosos pratos."[21]

Pela primeira vez depois do Batismo e da Confirmação, o novo cristão poderá se unir ao povo sacerdotal, à comunidade que faz memória e reproduz o único sacrifício que de agora em diante será dele também, unido ao Corpo todo e à Cabeça, Cristo. A iniciação cristã é a iniciação no mistério da Igreja, unida a ele num só Corpo. Assim, chegar à comunhão eucarística é a coroação de todo o processo de ser incorporado na Igreja.

---

[19] *Os mistérios*, n. 41, citando Ct 8,6; 4,7.

[20] Ibid., n. 29, citando Ct 1,3.

[21] *Os sacramentos*, 5,11, citando Ct 1,3.

4

Vivências litúrgicas

Ser introduzido no mistério ou no plano de salvação traçado pelo Pai é algo que acontece aos poucos, de forma dialogal. A gente vai se achegando devagar e empenha todo o nosso ser: inteligência, vontade e sentimentos para conhecer Aquele que se deixa revelar à nossa humanidade.

O seguimento de Cristo acompanha a chegada do Reino. Esta acontece através de processos lentos, porém fecundos. Para nós que vivemos na era da *internet* nos custa respeitar os processos, pois tendemos a confundir o tempo virtual com o tempo real. O Reino de Deus entrou na história e vai abrindo caminho de forma progressiva. Igualmente, as propostas celebrativas com os símbolos da liturgia visam a uma educação contínua e progressiva até alcançar a plena adesão ao mistério celebrado.

Esse ritmo é mais consoante à *dinâmica do discipulado*, pois se trata de um aprendizado gradual do desígnio de Deus e das consequências desse mistério de fé em sua vida. Seguindo essa metodologia, os sacramentos proporcionam a participação no mistério pascal que acontece não somente no momento de sua celebração plena, mas desde o desenrolar da catequese, à medida que o coração se converte e adquire hábitos mais evangélicos.[1]

É nossa tarefa observar junto com o catequizando os sinais dos acontecimentos e ajudá-lo a unir com as promessas e ensinamentos vindos da Palavra. A *vivência litúrgica une estes dois sinais de forma ritual, isto é, emprega-os em elementos e gestos para despertar a experiência efetiva da graça de Deus.* Trata-se de ajudar a chegar, a entrar no mistério de fé e a fomentar a relação pessoal com Deus.

Quatro passos

Identificamos quatro passos, nos quais cada um deles oferece uma gama de sentidos que conjuntamente somados nos revelam a passa-

---

[1]   Cf. *Ritual de Iniciação Cristã de Adultos*, n. 19.2.

gem de Deus em nossa vida. Assim como acontece quando subimos os degraus de uma escada, o significado do símbolo vai se concretizando passo a passo, daquilo que ele mostra aos nossos sentidos até chegar ao seu significado final, que só alcançamos com a fé.

Esses simples sinais tornam-se símbolos carregados da graça transformadora do Espírito que gera a vida nova, prenúncio da plenitude da Jerusalém Celeste.

1º passo: sentido cotidiano

Para nos aproximarmos dos sinais celebrados na liturgia, deve haver uma educação anterior que possibilite ao catequizando captar as mensagens que a vida nos dirige diariamente em seus símbolos. Cada história humana está tecida de histórias e acontecimentos marcados por gestos, músicas, pessoas, sinais que evocam tanto a dureza dos fatos como a resistência necessária para superar as dificuldades da vida. Não é por acaso que o povo diz: "para quem sabe ler, um pingo é letra".

"Todas as realidades da fé, particularmente os Sacramentos, estão enraizadas em profundas experiências humanas. Devido ao mistério da Encarnação do Verbo, elas são a base para a compreensão de todo o mistério cristão. Deus em sua infinita bondade Se revelou a nós não de um modo teórico e abstrato, mas a partir das realidades humanas. 'Deus Se revelou através de palavras e acontecimentos intimamente unidos' (*Dei Verbum* 2) [...] Ao lado dessa verdade teológica, há também o princípio pedagógico de que 'sem experiência humana não há comunicação religiosa'."[2]

Diz o *Diretório para Missas com crianças*, n. 9: que as crianças "experimentem, segundo a idade e o progresso pessoal, os valores humanos inseridos na celebração eucarística, tais como: ação comunitária, acolhimento, capacidade de ouvir, bem como a de pedir e dar perdão, ação de graça, percepção das ações simbólicas, da convivência fraterna e da celebração festiva".[3] Naturalmente os valores de nossa fé celebrados na

---

[2]   LIMA, Luís Alves de. A catequese sobre o sacramento da penitência. *Revista de Catequese*, n. 120, pp. 52-59, out./dez. 2007, aqui. p. 52.

[3]   CONGREGAÇÃO PARA O CULTO DIVINO. Diretório para missas com crianças. In: ALDAZÁBAL, José. *Celebrar a Eucaristia com crianças*. São Paulo: Paulinas, 2008. pp. 26-27.

liturgia ultrapassam o estrito sentido humano de agradecer, comer juntos ou fazer festa. Porém, da educação aos valores humanos podemos dar o salto de qualidade para os valores da fé. Um conduz ao outro. O resgate da plenitude de tais valores humanos é o primeiro passo em direção ao mistério de fé.

Se ficarmos atentos, em nosso dia a dia vemos gestos, palavras e imagens grandiosas que revelam ternura, compaixão, solidariedade e conforto. Costumamos dizer: um gesto vale mais que mil palavras, por exemplo, ceder o lugar para alguém no transporte público, a mãe que amamenta o bebê, o pai que brinca com o filho pequeno, a adoção por amor, o bolo feito com carinho...

Queremos evocar os símbolos que promovem a defesa da vida, fortalecem as relações para que o humano resista, lute e transforme a maldade, a violência, o anticomunitarismo em energia vital. Fixemos o olhar no esforço da mãe que transporta o filho já crescido e com deficiência; na amabilidade do idoso ao conversar com uma criança; no voluntariado de pessoas que encontram o sentido da vida na doação de si aos outros; em pessoas que se arriscam na luta pela justiça ou em pessoas públicas que se entregam desinteressadamente ao bem comum; a força da correnteza d'água; a beleza do céu azul ou do dia ensolarado... tudo fala, basta estarmos atentos.

É mais natural partir daquilo que conhecemos para acrescentarmos outros significados ao gesto. Há que mostrar o enraizamento *dos elementos e dos gestos* em nossa cultura.

2º passo: sentido bíblico

"As atitudes corporais, os gestos e palavras com que exprime a ação litúrgica e se manifesta a participação dos fiéis, não recebem seu significado unicamente da experiência humana, de onde são tirados, mas também da Palavra de Deus e da economia da salvação, à qual se referem."[4]

A catequese dos primeiros séculos do cristianismo busca inculcar a ideia de que os sacramentos se situam na linha das grandes obras de

---

[4] *Elenco das Leituras da Missa*, n. 6.

Deus nos dois testamentos, com seu cumprimento em Cristo, e situam o sacramento em continuidade histórico-salvífica desses mesmos fatos. Os sacramentos perpetuam hoje, no tempo da Igreja, as maravilhas de Deus que perpassam a História Sagrada. Eles mesmos são acontecimentos salvíficos de primeira ordem.

O Antigo e o Novo Testamentos são uma só unidade de amor, tendo como centro Jesus Cristo e seu mistério pascal. Santo Agostinho dá sentido à consideração do Antigo Testamento constituir o ponto de partida para o Novo. Diz ele: "O Antigo Testamento é o véu do Novo Testamento, e no Novo Testamento manifesta-se o Antigo".[5]

"Até o dia de hoje, quando fazem a leitura da antiga Aliança, esse mesmo véu continua descido, porque só em Cristo ele é removido. Mas todas as vezes que o coração se converte ao Senhor o véu é tirado" (2Cor 3,14b.16).

> A obra sacramental faz parte dessa relação: Antigo e Novo Testamento, cujo fio condutor é o Espírito Santo que garante o protagonismo da Trindade, a qual realiza uma única história de salvação.[6]

Durante a celebração, os gestos sensíveis do sacramento (receber o banho batismal, ser crismado com o óleo, comungar...) já manifestam, tornam presente o mistério que são as ações salvíficas realizadas no Antigo e Novo Testamento; trata-se de uma realidade mística, espiritual, porém, não menos real.

Com a ajuda de textos bíblicos, há que apresentar a realidade que os elementos e os gestos possuem segundo a história da salvação. Como eles se apresentam no Antigo Testamento e como recebem sua plenitude de significado na pessoa de Jesus Cristo. Podemos dizer que essa interação entre tipos bíblicos e mistério cristão, entre promessa e cumprimento, é o coração do memorial que se realiza na celebração litúrgica.

---

[5] SANTO AGOSTINHO. *A instrução dos catecúmenos*; teoria e prática da catequese. Petrópolis: Vozes, 1984. n. 4, 8 (Fontes da catequese, n. 7): "No Antigo Testamento esconde-se o Novo, e no Novo encontra-se a manifestação do Antigo".

[6] Cf. *Catecismo da Igreja Católica*, n. 1094.

3º passo: sentido litúrgico

A encíclica *O sacramento da caridade* assinala este passo: "Há-de preocupar-se por *introduzir no sentido dos sinais contidos nos ritos*; essa tarefa é urgente numa época acentuadamente tecnológica como a atual, que corre o risco de perder a capacidade de perceber os sinais e os símbolos. Mais do que informar, a catequese mistagógica deverá despertar e educar a sensibilidade dos fiéis para a linguagem dos sinais e dos gestos que, unidos à palavra, constituem o rito".[7]

De posse do sentido bíblico e ao ser empregado na celebração litúrgica, este elemento ou gesto se coloca, hoje, em continuidade com aquele dos tempos bíblicos. Daí que este passo consiste em revelar o significado e o efeito que realizam na celebração litúrgica. A leitura bíblica está orientada para mostrar como aquele elemento material, gesto ou atitude é revelador da salvação e, ao mesmo tempo, portador da graça divina. Há que aplicar a mensagem salvífica ao ouvinte de hoje, de tal forma que fique claro que somos herdeiros dessa promessa de graça e temos a mesma atitude de fé daqueles que protagonizaram o acontecimento salvífico. *Sejamos diretos e convictos em anunciar a Palavra que opera hoje a salvação de Deus em nosso meio em favor daquele que a acolhe.*

O sentido litúrgico é tomado pela forma como a Igreja continua hoje, em suas celebrações, a ação salvadora de Jesus. A liturgia proclama, durante a oração do rito, a graça salvífica que esses símbolos são portadores. Por exemplo, na bênção da água para o Batismo, a oração enumera os efeitos de graça que proporcionam naqueles que se banharem: "Que o Espírito Santo dê por esta água a graça de Cristo, a fim de que homem e mulher, criados à vossa imagem, sejam lavados da antiga culpa pelo Batismo e renasçam pela água e pelo Espírito Santo para uma vida nova".

4º passo: compromisso cristão

Para os Padres dos primeiros séculos, a mistagogia é "um ensinamento organizado para fazer entender aquilo que os sacramentos significam para a vida, mas que supõe a iluminação da fé que brota dos sa-

---

[7] BENTO XVI. Exortação apostólica pós-sinodal *Sacramentum Caritatis*, sobre a Eucaristia, fonte e ápice da vida e da missão da Igreja. São Paulo: Paulinas, 2007. n. 64.

cramentos; aquilo que se aprende na celebração ritual dos sacramentos e aquilo que se aprende vivendo de acordo com o que os sacramentos significam para a vida".[8]

Para o evento sacramental ser completo, a iniciativa divina deverá encontrar eco no coração humano. Deus respeita nossa liberdade. Ele espera nossa adesão e não desiste de nós. O encontro da graça proveniente de Deus com a resposta afirmativa do ser humano estabelece a aliança ou o pacto, como aquele do Antigo Testamento: "Eu serei o vosso Deus e vocês serão o meu povo".

Quando respondemos sim ao plano de Deus para a nossa vida, tudo se modifica. Compreendemos que ele tem a primazia sobre nossas escolhas e sua vontade passa a ser a fonte de nossa realização humana. Assim, um gesto tão simples como *acolher* tornar-se-á uma verdadeira atitude cristã, que incorporamos em nossos relacionamentos, não como algo artificial, mas realmente como uma maneira de ser. Isso porque queremos ter os mesmos sentimentos e atitudes de Jesus, "não só da boca pra fora", mas no interior de nosso coração.

Nada mais estranho ao espírito do cristianismo primitivo que uma concepção mágica da ação sacramental. A conversão sincera e total é condição indispensável para a recepção do sacramento.

Ainda o mesmo número citado da encíclica *O sacramento da caridade* diz: "Mostrar *o significado dos ritos para a vida cristã* em todas as suas dimensões: trabalho e compromisso, pensamentos e afetos, atividade e repouso. Deve-se ligar *os mistérios da vida de Cristo celebrados no rito* com *a responsabilidade missionária dos fiéis*; nesse sentido, o fruto maduro da mistagogia é a consciência de que a própria vida vai sendo progressivamente transformada pelos mistérios celebrados".

Metodologia

É necessário ajudar o catequizando a entrar num mundo coerente de sinais pessoais e vivos. É preciso que redescubra o *universo simbólico* em que se move a liturgia. Não se trata de explicar, mas de colocar o

---

[8] PINELL, J. L'anno liturgico, programmazione ecclesiale di mistagogia. *O Theologos* 6 (1975) p. 27, citado por: MATIAS, Augé. *Espiritualidade litúrgica*. São Paulo: Ave Maria, 2002. p. 77.

objeto ou a ação simbólica num determinado contexto humano, bíblico e celebrativo, de modo que possa apreender e viver o seu significado.

Cremos que o catequizando, ao vivenciar ritualmente os símbolos mais frequentes na liturgia no pequeno grupo, liderado pelo testemunho do catequista, descobrirá a vitalidade do rito, como experiência atual da graça do Senhor que vem ao seu encontro. Posteriormente, ao participar da liturgia na comunidade reunida, esse mesmo catequizando terá desenvolvido suficientes referências para integrar-se no corpo da assembleia e participar ativa, consciente e frutuosamente.

"Celebrações de várias espécies também podem desempenhar um papel na formação litúrgica das crianças e na sua preparação para a vida litúrgica da Igreja. Por força da própria celebração, as crianças percebem, mais facilmente, certos elementos litúrgicos, como a saudação, o silêncio, o louvor comunitário, sobretudo se for cantado. Cuide-se, todavia, que essas celebrações não se revistam de uma índole demasiadamente didática."[9]

Comenta Aldazábal: "trata-se de celebrações que não têm um tom meramente didático, mas de algum modo já são cultuais, orações que tornem fácil a passagem à verdadeira celebração litúrgica".[10] Por vezes, as celebrações são instrumentalizadas com explicações e comentários demasiados e prolongados que impedem a apropriação do sinal. Essas recomendações dirigidas às crianças são igualmente válidas para os adultos não evangelizados.

A pedagogia litúrgica nos convida a celebrar partes do rito, a aprofundar o sentido que nos comunicam. A somatória dos pequenos ritos constrói, pouco a pouco, a plenitude do sentido da celebração. Lembremo-nos de que toda ação sacramental contempla uma liturgia da Palavra seguida da liturgia sacramental, a qual tem como referência um gesto central e principal. Por exemplo, no sacramento do Matrimônio, o gesto central é o consentimento que os noivos proclamam publicamente diante da assembleia, acompanhado da bênção nupcial; no Batismo, é o banho com a fórmula: "eu te batizo em nome do Pai...".

Referindo-se à iniciação à vida eucarística, o *Diretório para missas com crianças*, n. 35, recomenda: "A própria liturgia da Missa contém muitos elementos visuais a que se deve dar grande importância nas ce-

---

[9]   CONGREGAÇÃO PARA O CULTO DIVINO. *Diretório para missas com crianças*, n. 13.

[10]   *Celebrar a Eucaristia com crianças*, p. 34.

lebrações para crianças. Merecem especial menção certos elementos visuais próprios dos diversos tempos do ano litúrgico, por exemplo: a adoração da cruz, o círio pascal, as velas na festa da apresentação do Senhor, a variação de cores e ornamentações litúrgicas. Além destes elementos visuais próprios da celebração e de seu ambiente, introduzam-se, oportunamente, outros que ajudem as crianças a contemplar as maravilhas de Deus na criação e na redenção e sustentem visualmente sua oração. Nunca a liturgia deverá aparecer como algo árido e somente intelectual".

Seguindo os quatro passos acima nos encontros catequéticos, podem ser apresentados pequenos exercícios com experiências, símbolos e celebrações que capacitem o catequizando a interiorizar os principais gestos da liturgia. Tais celebrações tratam das *atitudes* presentes em nosso cotidiano que tecem nossa maneira de existir. A fé nos convida a dar a elas um sentido mais próprio, conforme o significado libertador que Jesus lhes conferiu e as praticou com seu povo e seus discípulos.

1º momento: preparar o ambiente e a celebração

Ao preparar uma vivência litúrgica para um grupo, podemos imaginar a criatividade de um dirigente dispondo apenas do texto da Palavra e do símbolo que quer celebrar, por exemplo: a luz (círio), cântaro com água ou um pedaço de pão. Articular adequadamente as orações a partir da Palavra proclamada com os gestos litúrgicos correspondentes demanda que o catequista ou dirigente tenha vivência e conhecimentos litúrgicos suficientes. A informalidade do grupo, como também o pequeno número de participantes facilitarão o clima familiar na celebração.

Após escolher um gesto ou símbolo, o catequista se prepara pessoalmente lendo os vários sentidos que tem tal símbolo. Depois, elabora uma pequena celebração unindo a proclamação da Palavra com o emprego do símbolo; sem se esquecer dos cantos, preces de louvor ou de súplicas. A título de exemplo, apresentamos algumas celebrações após cada símbolo.

O dirigente estabelece tarefas, como: providenciar o material necessário, acolher os catequizandos, proclamar as leituras, proferir as preces... e demonstra segurança de conduzir a celebração, uma vez que entendeu o objetivo e cada um dos passos da vivência.

Há que: "preparar um ambiente bonito, aconchegante, de acordo com o gesto a ser celebrado. Local em que as pessoas, de preferência em círculo, possam olhar-se umas às outras e criar uma comunidade de irmãos que se querem bem e que aproveitem estar ali.

Proporcionar um clima harmonioso para que as pessoas se sintam convidadas ao recolhimento e à oração pessoal. Da mesma forma, ajudá-las a preparar o corpo antes de iniciar as celebrações garante sintonia orante. [...] Pode-se fazer um breve relaxamento, como colocar os pés firmes no chão, deixar a coluna reta, colocar a palma das mãos viradas para cima sobre as pernas, fechar os olhos, inspirar profundamente pelo nariz, expirar pela boca, aguçar o ouvido, escutar os sons de perto e de longe, sentir o pulsar do coração e o calor de quem está perto e cantar com ternura o refrão meditativo".[11]

Aqui vale a observação de se evitar ao máximo os ruídos durante a celebração – insegurança, não marcar os leitores, faltar alguma coisa, roteiro celebrativo desorganizado, má acomodação dos participantes...

2º momento: celebrar

Em tom familiar, inicie a celebração seja com o canto de um mantra ou outro adequado. Prossiga com a saudação inicial. Depois, comente o sentido usual do símbolo, dê o passo seguinte: mostre o sentido bíblico. Sempre pergunte, escute e valorize as intervenções dos participantes.

A essa altura, proclame a Palavra. Demonstre como as promessas bíblicas se cumprem no rito litúrgico. Há que unir a Proclamação da Palavra com o sinal escolhido. *Realize o gesto litúrgico*. O encontro da Palavra com o símbolo se desdobrará em súplica, louvor ou pedido de perdão.

---

[11] GUIMARÃES, Marcelo; LIMA, Julio Cesar. *Celebrações e orações pela paz*. São Paulo: Paulinas, 2005. pp. 14-15.

> Nos diálogos transcorridos durante a celebração, naturalmente sobressairá o compromisso vital que nasce entre a ação divina e a resposta de adesão de nossa parte.

Sob este critério, o agente de pastoral poderá recriar vários tipos de celebrações, lançando mão dos símbolos litúrgicos. Muitas vezes será necessário dedicar um encontro inteiro para realizar a vivência no grupo. Mais que celebrar o rito às pressas, o importante é não queimar etapas para que o objetivo de sensibilização e de nova visão do símbolo seja alcançado. Recomenda-se que a celebração transcorra num clima familiar e orante.

É comum os agentes não se acharem à vontade ou pensarem que não podem realizar tais gestos porque a legislação litúrgica os proíbe. As celebrações, aqui sugeridas, entram na categoria das bênçãos e dos sacramentais, por isso nada impedirá um leigo de celebrá-las. O que realizamos é verdadeiro. Por isso, não precisamos de um boneco para encenar o Batismo, mas utilizamos água benta para bendizer a Deus, renovar as promessas batismais e traçar o sinal da cruz. Eis a catequese em ato, que conduz diretamente à participação do mistério salvífico celebrado.

Ou então, rememoramos o gesto de partir o pão, descobrimos seu sentido mais profundo, comemos o pão. Mostramos a diferença entre o pão fermentado e o ázimo. E assim por diante.

Catequista mistagogo

Em tais celebrações não podemos nos esquecer da importância do ministério do catequista, da autoridade que provém da sua vivência da fé e de seu testemunho na Palavra. Do contrário, tudo ficaria sem sentido. Diz Bento XVI: "[...] na tradição mais antiga da Igreja, o caminho formativo do cristão – embora sem descurar a inteligência sistemática dos conteúdos da fé – assumia sempre um caráter de experiência, em que era determinante o encontro vivo e persuasivo com Cristo anunciado por autênticas testemunhas. Nesse sentido, quem introduz nos mistérios é primariamente a testemunha; depois, esse encontro aprofunda-se, sem dúvida, na catequese e encontra sua fonte e ápice na celebração da Eucaristia".[12]

---

[12] BENTO XVI. *Sacramentum Caritatis*, n. 64.

Normalmente, o ministério do catequista se caracteriza mais pela profecia, é o anunciador da Palavra. *A unidade entre a Palavra e o Sacramento* leva o catequista a valorizar as pequenas celebrações que põem os catequizandos em contato direto com a graça anunciada no mistério da Palavra.

O catequista não deve temer ou sentir-se inseguro, porque se trata do mesmo movimento da Palavra: uma vez anunciada, agora se torna realidade de salvação, ao ser ritualmente celebrada. *O sacramento é a Palavra visível, resultante da união da Palavra com o elemento.* Este pode ser um gesto (por exemplo: a imposição de mãos) ou algo material como o pão e o vinho. Na celebração eucarística, Cristo nos alimenta com sua Palavra e seu Corpo. A Igreja sempre tomou e distribuiu aos fiéis o pão da vida, quer da mesa da Palavra de Deus, quer da mesa do Corpo de Cristo. E essas duas mesas acabam formando uma única mesa.[13]

Vamos ter presente que, antes de toda celebração sacramental, a Igreja inclui a proclamação da Palavra. Aquilo que a Palavra profetiza como promessa de graça, o sacramento realiza por meio de um sinal: ao ungir o crismando na fronte em forma de cruz, o bispo diz: "N. Recebe por este sinal o Espírito Santo, Dom de Deus".

A linguagem mistagógica é sacramental, ou seja, ela é eficaz, transformadora, atuante. Ao celebrar, nosso modo de falar deverá apresentar a realização do mistério em ato, quer dizer, Deus está agindo, ele é a garantia da efusão de graças para aquele que se aproxima do manancial da salvação.

Nada mais impreciso do que nos referir aos mistérios com semelhantes expressões: este símbolo parece que, lembra, representa... Nossa linguagem deverá ser direta, performativa e convicta, pois Deus atua cumprindo suas promessas contidas em sua mesma Palavra, por exemplo: "Quem se alimenta com a minha carne e bebe o meu sangue tem a vida eterna, e eu o ressuscitarei no último dia" (Jo 6,54). Não há por que vacilar. É Deus quem age.

Portanto, não deve haver separação entre o fato de anunciar e de celebrar a Palavra; estas duas dimensões se orientam em face de uma terceira: a vivência da Palavra. "Sem a liturgia e os sacramentos, a profis-

---

[13] CONCÍLIO VATICANO II. Constituição Dogmática *Dei Verbum*, n. 21.

são de fé não seria eficaz, porque faltaria a graça que sustenta o testemunho dos cristãos."[14]

Normalmente, o encontro catequético se distingue pelo emprego criativo de dinâmicas. Sem desconsiderar uma justa pedagogia atraente e animadora, queremos promover vivências que facilitem uma melhor assimilação do acontecimento de graça e salvação que se dá na celebração com seus gestos e sinais. As vivências, em forma de pequenas celebrações, podem igualmente ser atraentes e compor o itinerário de amadurecimento da fé na condição de serem preparadas e pensadas como elementos integrantes do mesmo itinerário.

---

[14] BENTO XVI. *Porta Fidei*. Carta Apostólica em forma de *motu proprio* com a qual se proclama o Ano da Fé. São Paulo: Paulinas, 2011. n. 11.

Símbolos litúrgicos

5 Cruz

1º passo: sentido cotidiano

A cruz se liga à posição do corpo de pé, do solo, onde repousam os pés, em direção ao céu, para onde se ergue a cabeça. Depois, de um ponto a outro do horizonte, quando se estendem os braços. Assim, aponta para os quatro pontos cardeais do universo.

A cruz tornou-se o símbolo primordial dos cristãos. Desde cedo, foi objeto de veneração, sobretudo a partir do século IV. Para isso, muito contribuiu o relato do encontro da suposta verdadeira cruz, em Jerusalém, por parte de Santa Helena, a mãe do imperador Constantino.

A cruz é o símbolo do sofrimento. A cruz foi o instrumento de tortura e altar do sacrifício de Cristo; também cada um é chamado a carregar sua cruz resultante das contradições humanas. A Sexta-Feira Santa, em que se comemora a morte do Senhor, tornou-se o dia mais observado pelo povo, pois junto ao crucificado encontramos solidariedade para os nossos sofrimentos. Aquele que tanto sofreu é capaz de acolher nossas desventuras e nos ajudar a superá-las. Daí a grande devoção e peregrinação aos santuários do Senhor do Bonfim, ao Bom Jesus, ao Senhor dos Passos...

É próprio dos cristãos marcarem o lugar do falecimento inesperado com um cruzeiro. Também, é costume arraigado afastar o mal benzendo e traçando sobre si o sinal da cruz ou empunhando o crucifixo.

2º passo: sentido bíblico

O Novo Testamento apresenta a cruz de Cristo como o sinal de um mistério que revela até onde chega o amor de Deus pela humanidade. Jesus se identifica com os pobres, defende-os, luta pela justiça, pela solidariedade e pelo bem do próximo. Afasta de si as tentações do poder, da fama e do bem viver (Lc 4,1-13). Condena a prática formalista e exterior da lei e inicia o culto em espírito e verdade (cf. o episódio da oferta da viúva [Lc 21,1-4]; e a oração do publicano e do fariseu [Lc 18,9-14]).

Jesus é identificado com o servo sofredor que traz a salvação (cf. Is 40–55). Jesus realiza a vontade do Pai de salvar a humanidade, não pelo caminho da fama, mas como Messias que ama (como na parábola do Filho pródigo [Lc 15,11-32], ou do Bom samaritano [Lc 10,25-37], ou no episódio do Lava-pés [Jo 13,1-17]).

Jesus anuncia sua morte na cruz, pois a chegada do Reino em sua pessoa contrariava fundamentalmente a lógica dos poderosos deste mundo. O ódio do mundo e a força das trevas passam a persegui-lo e a tramar sua máxima condenação. Assim, Jesus consome o seu sacrifício na cruz. Esta é a resposta às suas bem-aventuranças.

Ali, onde triunfam as forças do mal, o Pai responde resgatando seu Filho da morte. Portanto, a cruz é sinal de vitória sobre o mal e a morte, já que o túmulo foi encontrado vazio e, depois, o Ressuscitado se reuniu com os discípulos. Assim, a cruz tornou-se sinal de vida, coragem e resistência daqueles que optaram por Jesus e seu Reino.

Sobre a cruz Deus se revela salvador, em plena experiência de sofrimento e de morte. Um Deus difícil de ser reconhecido, um Deus desfigurado. Diante desse amor incomensurável, os cristãos passam a enxergar na cruz o símbolo máximo de doação e entrega para o outro. Contrariamente ao que se pode pensar, na cruz de Cristo, o amor de Deus se revela em plenitude. Por isso, torna-se um sinal de salvação e de fascínio para aquele que realmente ama e encontra na cruz o sentido para o seu sofrimento.

Para Paulo, a cruz é o resumo de toda a obra salvadora de Cristo (cf. Ef 1,7; Cl 1,13-14). Na *primeira carta aos Coríntios*, trata da ciência da cruz como sabedoria de Deus que põe a descoberto o engano deste mundo e sua aparente vitória. "Pois tanto os judeus pedem sinais, como os gregos buscam sabedoria. Nós, porém, proclamamos Cristo crucificado, escândalo para os judeus e loucura para os pagãos" (1,22-23); "A nós, Deus revelou esse mistério por meio do Espírito. Pois o Espírito sonda tudo, mesmo as profundezas de Deus" (v. 10).

3º passo: sentido litúrgico

O sinal da cruz é o gesto mais familiar dos cristãos. O gesto *sobre o próprio corpo* vincula a pessoa à Trindade, santifica as coisas que empreendemos e fortalece-nos nas dificuldades e nas tentações.

Sobre os batizados e os crismados

Durante os ritos iniciais do Batismo de crianças, a Igreja recebe oficialmente seu novo membro não com um bracelete ou brinco de ouro, mas traça o sinal da cruz na fronte da criança. Esse sinal culmina a acolhida que a comunidade cristã faz ao recém-chegado. A criança e o adulto já ficam orientados na linha daquilo que virão a ser pelo banho da água com a Palavra: uma pessoa cristã. Tudo isso sob o sinal da cruz gloriosa do Senhor; nela estão a salvação, a vida e a ressurreição.

Na *celebração de entrada dos adultos para o catecumenato*,[1] o *Ritual de Iniciação Cristã dos Adultos*, nn. 83-87, estabelece a entrada no catecumenato com a assinalação da fronte, dos ouvidos, dos olhos, dos lábios, do coração e dos ombros do adulto; sinal do amor de Deus e força para o seguimento. Também é dada a bênção com o sinal da cruz sobre toda a assembleia.

Aquele que pediu para ser colocado sob o senhorio de Cristo é posto em contato com sua cruz salvífica. Esse é o sinal sob o qual o catecúmeno deverá aprofundar a escolha de Cristo Senhor para poder entrar na Igreja com o sacramento do renascimento batismal; é marcado pela vitória de Cristo e deve empenhar-se, assim, a conhecê-lo e a viver com ele para adquirir a verdadeira sabedoria cristã, que é aquela da cruz (cf. 1Cor 1,18.24; 2,2).[2]

Receber a assinalação não é somente a indicação de dever seguir a Cristo no seu sofrimento e na sua oferenda, mas é também ser assumido pela Igreja como seu. A partir de agora irá experimentar a vida da comunidade e partilhar a mesma esperança em Cristo.

A assinalação da fronte e dos sentidos é a resposta da Igreja ao pedido de fé, pois a cruz de Cristo é o sinal concreto do amor de Deus e a força para o seguimento. Pelo sinal da cruz vitoriosa sobre o pecado o candidato deverá entregar sua vida a cada dia e confiar em sua sabedoria.[3]

---

[1] Cf. *Ritual de Iniciação Cristã de Adultos*, nn. 6a, 14-18, 42, 50, 65.2-5, 66.2, 68-97, 370-372.

[2] DONGHI, A. Rito dell'iniziazione cristiana; dal catecumenato alla mistagogia. In: VV.AA. *La nuova proposta di iniziazione alla vita cristiana. Rito dell'iniziazione cristiana degli adulti*. Torino: Leumann, 1985. pp. 163-237, aqui p. 173. Quaderni di Rivista Liturgica – Nuova Serie 8.

[3] Cf. RICA, n. 19.2.

A essa primeira assinalação segue o caminho catecumenal de conversão à fé que se concluirá com a assinalação crismal. Na crisma, o bispo traça com o óleo santo uma cruz sobre a fronte de cada um, dizendo-lhe: "Recebe, por este sinal, o Espírito Santo, o dom de Deus". Esse novo derramamento do Espírito capacita interiormente o batizado a viver a missão de Cristo, que necessariamente é um caminho de contradição, e só se torna possível abraçar a cruz pela força do Espírito. Somente quando assimilamos a ciência da cruz em nosso ser, de fato, nos sentiremos redimidos. Ser assinalado com a cruz evoca a disposição de se doar como Cristo, oferecer a própria vida para o bem do outro. Isto é prova de amor. Nada é maior que esse gesto existencial.

Sobre a assembleia dos cristãos

A cruz, que em nossas celebrações é trazida à frente, em procissão, é chamada cruz processional: Cristo caminha conosco rumo ao Pai, é cabeça do corpo que somos nós. É colocada próxima ao altar, pois quando celebramos temos sempre essa cruz diante dos olhos.

O presbítero, no final da celebração ou de uma oração, abençoa a assembleia em nome de Cristo, traçando sobre ela o sinal da cruz, para que cada um de seus membros seja testemunha viva do Evangelho e da cruz.

Sobre o livro do Evangelho

Antes da proclamação do Evangelho, ao dizer: "Proclamação do Evangelho, segundo...". O ministro traça o sinal da cruz no livro e, depois, na fronte, na boca e no peito. A assembleia também traça sobre si esse sinal para que a Palavra de Deus ilumine nosso espírito, ressoe em nossos lábios e toque nosso coração para produzir as boas obras.

O sinal da cruz sobre os objetos não pretende dar-lhes um poder mágico, mas exprime a bênção de Deus e lembra àqueles que a levam sua relação com Cristo.

Em outras ocasiões

Na Sexta-Feira Santa, quando se celebra a Paixão do Senhor, os fiéis fazem a adoração da santa cruz normalmente com uma genuflexão e um beijo, que momentos antes se apresentou à comunidade com acla-mações e com o gradual descobrimento do véu que a cobre. Ao terminar a celebração, deixa-se a cruz no lugar central, iluminada, para que os fiéis possam beijá-la e orar diante dela, durante o resto de Sexta-Feira e todo o Sábado Santo.

No dia 14 de setembro, celebra-se a Festa da *Exaltação da Santa Cruz*, cujas raízes mergulham no século V, pelo menos, em Jerusalém.

4º passo: compromisso cristão

O que significa a cruz na vida do cristão?

A cruz é inevitável no caminho de Jesus. Por ela igualmente somos salvos em Cristo. Porém, não devemos nos esquecer de que esse sinal não é só de Cristo, mas do cristão, porque o Batismo é a configuração do fiel em Cristo, mais exatamente em sua Páscoa. Ao ser incorporado em Cristo, resta ao cristão viver a Páscoa em Cristo (paixão, morte e ressur-reição), aprendendo a doar a vida, a servir e a lutar contra o egoísmo, a vaidade, o consumismo, a superficialidade das relações. Ou seja, deverá perder a vida neste mundo para ganhá-la para o Reino.

Como discípulos, sentimo-nos impelidos a continuar a missão do servo sofredor, sem medo, dispostos a entregar a vida pela salvação dos irmãos e irmãs. "Quem quiser ser meu discípulo, renuncie a si mesmo, tome a sua cruz cada dia, e siga-me" (cf. Lc 9,23).

Aceitar o Reino de Deus significa abraçar a cruz da incompreensão e da rejeição do mundo. Só perdendo a vida para este mundo é que se poderá ganhá-la para a eternidade (cf. Mc 8,35). A ciência da cruz acaba sendo o crivo da real intenção das pessoas de abraçarem o projeto de Deus em suas vidas.

As atitudes de entrega, oblação, justiça, solidariedade, respeito... indicam se de fato abraçamos a cruz de Cristo, isto é, se vivemos radical-mente o amor. Aceitar a cruz de Cristo implica assumir sua prática cidadã de defesa do bem comum, de fazer do próximo um irmão, de querer para o outro o que se quer para si, de perdoar sempre, enfim, de servir até a doação total de si.

Assinalação da cruz

Na *Celebração de entrada no catecumenato* acontecem os diálogos introdutórios ao catecumenato, a assinalação da cruz, a entrega do crucifixo e do livro da Palavra de Deus, conforme o *Ritual de Iniciação Cristã de Adultos*, nn. 68-97.[4] Transcrevemos o trecho da assinalação da cruz. Essa celebração, com as devidas adaptações, contemplando a liturgia da Palavra, poderá ser realizada no início da catequese eucarística ou então da crisma.

Quem preside faz o sinal da cruz sobre todos os catecúmenos ao mesmo tempo (os catequistas ou os introdutores o fazem diretamente em cada catecúmeno) e diz:

Presidente: *Receba na fronte o sinal da cruz; o próprio Cristo protege você com o sinal de seu amor. Aprenda a conhecê-lo e segui-lo.*

85. Procede-se à assinalação dos sentidos (a juízo, porém, de quem preside, pode ser omitida parcial ou inteiramente).

As assinalações são feitas pelos catequistas ou pelos introdutores (em circunstâncias especiais, podem ser feitas por vários presbíteros ou diáconos). A fórmula é sempre dita por quem preside.

Ao assinalar os ouvidos:

Presidente: *Recebam nos ouvidos o sinal da cruz, para que vocês ouçam a voz do Senhor.*

Ao assinalar os olhos:

Presidente: *Recebam nos olhos o sinal da cruz, para que vocês vejam a glória de Deus.*

---

[4]   Esta celebração contempla: reunião fora da Igreja; saudação e exortação; diálogo sobre o nome e a intenção do candidato; primeira adesão do candidato e pedido de ajuda dos introdutores e dos presentes; oração de agradecimento pelo chamado.

Ao assinalar a boca:

Presidente: *Recebam na boca o sinal da cruz, para que vocês respondam à Palavra de Deus.*

Ao assinalar o peito:

Presidente: *Recebam no peito o sinal da cruz, para que Cristo habite pela fé em seus corações.*

Ao assinalar os ombros:

Presidente: *Recebam nos ombros o sinal da cruz, para que vocês carreguem o jugo suave de Cristo.*

Quem preside, sem tocar nos catecúmenos, faz o sinal da cruz sobre todos ao mesmo tempo, dizendo:

Presidente: *Eu marco vocês com o sinal da cruz: em nome do Pai e do Filho e do Espírito Santo, para que vocês tenham a vida eterna.*

Os candidatos: Amém.

87. Quem preside diz:

Presidente: *Oremos. Deus todo-poderoso, que pela cruz e Ressurreição de vosso Filho destes a vida ao vosso povo, concedei que estes vossos servos e servas, marcados com o sinal da cruz, seguindo os passos de Cristo, conservem em sua vida a graça da vitória da cruz e a manifestem por palavras e gestos. Por Cristo, nosso Senhor.*

Todos: Amém.

Entrega do crucifixo

89. Pode-se dar crucifixos ou uma cruzinha para pôr no pescoço, em recordação da assinalação.

Celebração da cruz

Esta celebração retoma os elementos da celebração da Paixão do Senhor da Sexta-Feira Santa. Prepara-se uma mesa com toalha vermelha e sobre ela coloca-se um crucifixo. Todos se ajoelham e fazem silêncio por um momento.

Comentarista: O Filho de Deus entregou a sua vida para nos salvar: "Eis o meu corpo, eis o meu sangue derramado por vós". Não reservou nada para si. A cruz é o sinal do seu amor levado às últimas consequências. Seu amor é o serviço de doação de si em favor da humanidade. O Filho de Deus enfrenta o mal deste mundo, nos salva da opressão do maligno e refaz o caminho de volta para a casa do Pai.

O leitor 1 proclama: Jo 19,28-37 – *Do seu lado aberto jorrou sangue e água.*

Leitor 1: Quem não toma a sua cruz e não me segue, não é digno de mim (Mt 10,38). Jesus também disse a seus discípulos: "se alguém quiser vir comigo, renuncie a si mesmo, tome sua cruz e siga-me" (Mt 16,24).

Todos: E quem não carrega a sua cruz e me segue, não pode ser meu discípulo.

Leitor 2: Encontraram um homem de Cirene, chamado Simão, a quem obrigaram a levar a cruz de Jesus (Mt 27,32). Aos pés da cruz lhe diziam: "Tu que derrubas o templo e o ergues em três dias, salva-te a ti mesmo. Se és Filho de Deus, desce da cruz".

Todos: Jesus carregava sua cruz para fora da cidade, em direção ao lugar chamado Calvário, em hebraico Gólgota.

Leitor 3: Cristo não me enviou para batizar, mas para pregar o evangelho, e isto sem recorrer à habilidade da arte oratória, para que não se desvirtue a cruz de Cristo.

Todos: A linguagem da cruz é loucura para os que se perdem, mas para os que são salvos, para nós, é uma força divina.

Leitor 2: *Oremos pelo nosso Santo Padre, o papa N., pelo nosso bispo N., pelo nosso pároco N., por todos os ministros da Igreja e por todo o povo fiel.*

Catequista: *Deus eterno e todo-poderoso, que santificais e governais pelo vosso Espírito todo o corpo da Igreja, escutai as súplicas que vos dirigimos por todos os que constituem o vosso povo. Fazei que cada um, pelo dom da vossa graça, vos sirva com fidelidade. Por nosso Senhor Jesus Cristo, vosso Filho, na unidade do Espírito Santo.*

Leitor 2: *Oremos a Deus-Pai todo-poderoso, para que livre o mundo de todo erro, expulse as doenças e afugente a fome, abra as prisões e liberte os cativos, vele pela segurança dos viajantes, repatrie os exilados, dê a saúde aos doentes e a salvação aos que agonizam.*

Catequista: *Deus eterno e todo-poderoso, sois a consolação dos aflitos e a força dos que labutam. Cheguem até vós as preces dos que clamam em sua aflição, sejam quais forem os seus sofrimentos, para que se alegrem em suas provações com o socorro da vossa misericórdia. Por nosso Senhor Jesus Cristo, vosso Filho, na unidade do Espírito Santo.*

O catequista apresenta a cruz para ser beijada, enquanto se canta o Salmo 2 ou algum canto referente à cruz.

6 Óleo

1º passo: sentido cotidiano

No tempo antigo, nas culturas próximas ao mar Mediterrâneo, o óleo da oliveira era usado como nutrição e remédio: passando-o sobre os ferimentos, preservava-se o corpo de uma infecção. Havia também o costume de untar o corpo dos atletas e dos lutadores para torná-los mais ágeis e para dificultar que o adversário pudesse agarrá-los.

O óleo amacia, fortifica, nutre e purifica as pessoas antes e depois do banho. Associado com o perfume, faz irradiar beleza, saúde e força. Basta ver os inúmeros tipos de óleos perfumados para serem aplicados durante o banho.

2º passo: sentido bíblico

No tempo do profeta Elias, houve uma grande crise de fome. O profeta se hospedava na casa de uma viúva que morava em Sarepta. Elias prometeu: "A vasilha de farinha não acabará e a jarra de azeite não diminuirá, até o dia em que o Senhor enviar a chuva sobre a face da terra" (1Rs 17,14). O óleo, nos tempos bíblicos, era considerado essencial para a sobrevivência, como também sinal de abundância e de alegria (cf. Sl 133[132]).

Em Israel, a unção era um rito sagrado. Ungiam-se os sacerdotes, os profetas (cf. 1Rs 19,16), os reis (cf. 1Sm 16,13), a Tenda (cf. Ex 30,25ss), a arca, a mobília da Tenda. Como sinal de consagração, o óleo está sempre associado à ação do Espírito Santo, que elege uma pessoa para uma missão. Tal como o óleo derramado, o Espírito penetra em seu interior cumulando-o com seus dons e imprimindo definitivamente a sua marca. Portanto, ser ungido significa eleição divina. "Samuel tomou um pequeno frasco de azeite, derramou-o sobre a cabeça de Saul e beijou-o, dizendo: 'Com isto o Senhor te ungiu como príncipe do seu povo, Israel'" (1Sm 10,1). Repete o gesto, agora consagrando Davi como rei: "Samuel tomou o chifre com azeite e ungiu Davi na presença de seus irmãos. E a partir daquele dia, o Espírito do Senhor começou a ser enviado a Davi" (1Sm 16,13). O próprio Davi se recusou a matar a Saul porque, como rei, era considerado uma pessoa sagrada (1Sm 24,7.11 e 26,9).

Jesus é chamado Messias e Cristo, palavras que significam "ungido", isto é, consagrado como eterno rei e sacerdote. "Depois de ser batizado, Jesus saiu logo da água, e o céu se abriu. E ele viu o Espírito de Deus descer, como uma pomba, e vir sobre ele. E do céu veio uma voz que dizia: 'Este é o meu Filho amado; nele está o meu agrado'" (Mt 3,16-17).

Jesus é ungido, não por mãos humanas, mas diretamente pelo Pai; é manifestado como Filho. O Espírito Santo vem sobre ele e nele se cumpre a profecia: ser o Servo de Javé que atrairá sobre si as dores do povo, conforme Isaías 42,1. Assim, eleição, unção e missão andam juntas.

O Novo Testamento apresenta Jesus Cristo como o ungido pelo Pai (cf. At 10,38). O próprio Jesus aplica a si a profecia de Isaías: "O Espírito do Senhor Deus está sobre mim, porque o Senhor me ungiu" (Is 61,1). O autor da Carta aos Hebreus afirma que Deus ungiu seu Filho com o perfume da alegria (cf. Hb 1,9). Paulo assegura que Deus nos ungiu em Cristo (cf. 2Cor 1,21).

3º passo: sentido litúrgico

A liturgia distingue a consagração do óleo de acordo com cada uma das finalidades de uso.

"Atualmente, são quatro os sacramentos em que os óleos são a matéria para as diversas unções, mais ou menos centrais: no Batismo, há uma primeira unção no peito e outra, com o Crisma, sobre a cabeça; na Confirmação, a crismação sobre a fronte; na Unção dos Enfermos, a unção sobre a fronte e nas mãos; e no sacramento da ordem, a crismação nas mãos do presbítero ou na cabeça do bispo. Tudo isso com uma significação simbólica que as fórmulas ou palavras com que se acompanha o gesto se encarregam bem de expressar. São três os *tipos de óleos*: o dos catecúmenos (para a primeira unção do Batismo), o Crisma (para a segunda unção do Batismo, para a Confirmação, para as Ordenações e para a dedicação das igrejas e altares) e o dos doentes."[1]

---

[1] ALDAZÁBAL, José. *Vocabulário de liturgia*. São Paulo: Paulinas, 2013. p. 255.

1) A unção, com o chamado óleo dos catecúmenos, é realizada no peito e em outras partes do corpo, antes do banho batismal. Essa unção evidencia a força divina que deverá tomar conta inteiramente do candidato, preparando-o para a luta. Deverá aderir a Cristo na fé e lutar com Satanás no fundo das águas. Deverá ser ágil na luta, como o mesmo Senhor o foi uma vez para sempre na vitória pascal. Morrerá com Cristo para o pecado e, assim, ressurgirá participando de sua vitória.

A *Unção pós-batismal*: essa unção, optativa, é feita no alto da cabeça da criança. É ungida para, como membro de Cristo e da Igreja, continuar a missão de Cristo hoje. A missão é tríplice: *sacerdotal* (oferecer a vida a Deus e aos irmãos no serviço de cada dia), *profética* (pelo exemplo de vida e pelo testemunho da palavra, manifestar o novo ser que pelo Batismo vestiram) e *real-pastoral* (esforçar-se para que homens e mulheres aceitem e amem a Cristo Senhor).

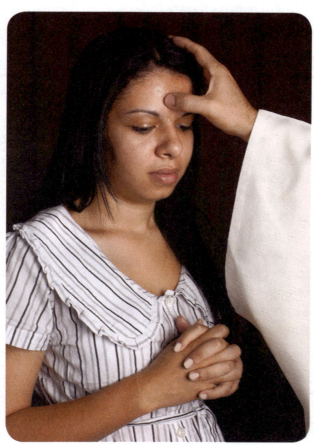

2) A liturgia apresenta o óleo como portador da salvação de Deus para a comunidade. Assim diz o bispo na crismação: "N. recebe por este *sinal* (a cruz traçada com o óleo) o Espírito Santo, Dom de Deus". Com a nova consagração pelo Crisma, realiza-se um fortalecimento, um robustecimento, uma intensificação, uma plenitude da Graça para o crismado viver a maturidade da fé.

3) O óleo dos enfermos é sinal de força e de ajuda do Espírito para superar a debilidade do pecado e da doença.

"Todos estes óleos procedem da Missa Crismal de Quinta-feira Santa (ou de algum dia anterior): nela, é consagrado o Crisma e benzidos os outros óleos, como manifestação da comunhão existente entre o Bispo e os seus presbíteros, no único sacerdócio de Cristo [...]. Além disso, são novos em cada Páscoa, porque, da Páscoa, estes óleos e os sacramentos recebem a sua eficácia salvadora."[2]

4º passo: compromisso cristão

Os Padres da Igreja veem nos gestos litúrgicos a concentração da realidade do que acontecerá ao longo de toda a vida cristã.

1) A unção prepara aquele que será batizado para o embate no fundo das águas contra o tentador; no entanto, mostra também a condição do batizado em contínua luta ao longo de toda a vida cristã contra a mentalidade oposta àquela de Cristo. A coragem, a resistência e a proteção, impetradas na oração, são significadas pela unção pré-batismal: "O Cristo Salvador vos dê a sua força. Que ela penetre em vossas vidas como este óleo em vosso peito". Assim como os antigos lutadores passavam óleo em todo o corpo para fortificar os músculos e dificultar que os adversários os agarrassem, semelhantemente, o batizando é ungido no peito preparando-se para as lutas que deverá travar, a fim de ser fiel à vocação e à missão recebidas no Batismo.

O embate contra o mal, ritualmente celebrado na oração de renúncia, é imagem da luta que o cristão enfrenta ao longo de toda a vida contra aquele que o colocará muitas vezes à prova sua adesão a Cristo.

---

[2]   Ibid.

No entanto, as lutas constantes, compreendidas como testemunho de perseverança, lhe darão o mérito da fidelidade.

2) No Batismo e na Confirmação somos marcados por um gesto de unção com o óleo perfumado chamado crisma. As palavras "cristo" e "crisma" têm a mesma raiz. É "cristo" (sinônimo de Messias) aquele que recebeu a unção do óleo. Pela unção o batizado é "cristificado", feito à imagem de Cristo, "Messias crucificado" (1Cor 1,23).

"Vós vos tornastes cristos, recebendo o sinal do Espírito Santo, e tudo se cumpriu em vós em imagem, pois sois imagens de Cristo. Ele, quando banhado no rio Jordão e comunicando às águas a força da Divindade, delas saiu e se produziu sobre ele a vinda substancial do Espírito Santo, pousando igual sobre igual. Também a vós, ao sairdes das águas sagradas da piscina, se concede a unção, figura daquela com que Cristo foi ungido [...]. Na verdade, Cristo não foi ungido com óleo ou unguento material por um homem. Mas foi o Pai que, estabelecendo-o com antecedência como Salvador de todo o universo, o ungiu com o Espírito Santo [...]. Ele foi ungido com o óleo de alegria, por ser causa da alegria espiritual. Vós fostes ungidos com o óleo, feitos partícipes e companheiros de Cristo."[3]

A unção crismal é o sinal de uma consagração, feita para expressar o selo de pertença total a Cristo e da promessa da proteção divina. É a marca do Espírito de Cristo para sempre, a fim de que sejam testemunhas dele no meio do mundo.[4] Os discípulos são investidos de poder, que os capacita e orienta para anunciarem a Boa-Nova e cumprirem o ministério iniciado por Cristo durante sua missão terrena. "Recebereis o poder do Espírito Santo que virá sobre vós, para serdes minhas testemunhas em Jerusalém, por toda a Judeia e Samaria, e até os confins da terra" (At 1,8). "Sede, portanto, membros vivos dessa Igreja e, guiados pelo Espírito Santo, procurai servir a todos, à semelhança do Cristo, que não veio para ser servido, mas para servir."[5]

---

[3] CIRILO DE JERUSALÉM. *Catequeses mistagógicas*. Petrópolis: Vozes, 2004. pp. 37-38.

[4] Cf. SCOUARNEC, Michel. *Símbolos cristãos*; os sacramentos como gestos humanos. São Paulo: Paulinas, 2004. pp. 52-53.

[5] Rito da Confirmação, n. 22.

Celebração com óleo

Inicialmente o catequista se prepara pessoalmente, lendo os vários sentidos do símbolo do óleo.

Colocar, sobre uma mesa com toalha, um recipiente com azeite de oliva e perfume, e duas velas acesas.

Comentarista: *O Senhor nos concede o seu Espírito sem medidas, basta que nós o invoquemos para que venha em socorro de nossa fraqueza. Ele, tal como o bálsamo, cura nossas feridas, fortalece nosso ser. O Espírito ilumina nosso interior com sua luz benfazeja, afastando-nos das trevas do pecado, da preguiça, do orgulho e da maldade.*

Cantar ao Espírito Santo. Sugerimos "A nós descei, Divina Luz" (D.R. / Reginaldo Veloso).

Entoar um canto de aclamação ao Evangelho.

Um leitor proclama: Jo 7,37b-39 – *Ele falava do Espírito que deveriam receber.*

Perguntar aos participantes como sentem a ação salvadora do Espírito Santo em suas vidas. De que forma Ele se manifesta na Igreja? De nossa parte, quando uma ação é inspirada pelo Espírito? Quais os critérios para discernir a ação do Espírito na vida do cristão?

Ler atentamente o texto:

Leitor 1: *"Foi enviado o Espírito Santo para santificar continuamente a Igreja e assim dar aos crentes acesso ao Pai, por Cristo, num só Espírito (cf. Ef 2,18). Este é o Espírito que dá a vida, a fonte da água que jorra para a vida eterna (cf. Jo 4,14; 7,38-39); por ele, o Pai dá vida aos homens mortos pelo pecado, até que um dia ressuscitem em Cristo os seus corpos mortais (cf. Rm 8,10-11). O Espírito habita na Igreja e nos corações dos fiéis, como num templo (cf. 1Cor 3,16): neles ora e dá testemunho de que são filhos adotivos (cf. Gl 4,6; Rm 8,15-16.26). Leva a Igreja ao conhecimento da verdade total (Jo 16,13) [...]. Com a força do Evangelho, faz ainda rejuvenescer a Igreja, renova-a continuamente e eleva-a à união* *consumada com o seu Esposo. Pois o Espírito e a Esposa dizem ao Senhor Jesus: "Vem" (cf. Ap 22,17)" (Lumen Gentium, n. 4).*

Leitor 2: *Ser ungido pelo Espírito é ser confirmado no caminho de Jesus, no seguimento de sua missão de trazer a vida para o mundo, longe dos interesses cruéis que degradam as pessoas e destroem o planeta. Acolher o Espírito de Jesus é aderir ao Reino e à esperança da vida eterna.*

Em silêncio, o catequista mistura o perfume no azeite. Depois unge os pulsos ou as mãos de cada participante. Durante a unção, cantar ao Espírito Santo (sugestão: canção "Deus nos unge agora", de Pe. Zezinho. CD: *Ele me ungiu*; canções para confirmar a fé. São Paulo: Comep, 2007).

Em seguida, todos inclinam a cabeça, o ministro estende as mãos para eles e diz a bênção:

Ministro: *Oremos. Olhai, Senhor, os vossos filhos e filhas que obedecem ao vosso santo nome e inclinam a cabeça diante de vós: ajudai-os a praticar todo bem e inflamai seus corações para que, lembrando-se das vossas ações e mandamentos, se apressem com alegria em vos servir em tudo. Por Cristo, nosso Senhor.*

Todos: Amém.

Ministro: *O Senhor esteja convosco.*

Todos: Ele está no meio de nós.

Ministro: *Abençoe-nos Deus Todo-poderoso: Pai, Filho e Espírito Santo.*

Todos: Amém.

7 Luz

1º passo: sentido cotidiano

A luz é um dos quatro elementos fundamentais da natureza. Ela é resultante da queima de materiais orgânicos, é o fogo que crepita e transforma a matéria, levando-a de um estado a outro. Para produzir luz é preciso queimar/transformar a energia.

A luz/fogo é sinal da presença divina e está presente nas várias religiões como símbolo sagrado. Há o costume arraigado de acender velas pelas almas dos defuntos ou por alguma intenção especial; a chama que arde sinaliza o pedido incessante diante do Altíssimo.

Quando baixa o véu da noite e não temos a luz elétrica, a cidade se apaga. Basta lembrar o desconforto causado pelos frequentes *black-outs*. A ausência de luz são as trevas, e sem luz não é possível enxergar. Com a escuridão surge o medo do desconhecido, do inesperado e da

traição. Esses sentimentos contrastam com o vigor do corpo e a lucidez da mente trazidos pela alvorada que mansamente ilumina a barra do dia e, depois, o sol segue seu percurso cada vez mais radiante. Esse brilho é ainda mais intenso nas regiões Norte e Nordeste, onde a luz forte revela a beleza das cores e das formas, nos colocando muito próximos de sua verdade.

Metaforicamente, apelando para a luz da razão, dizemos que a cegueira é a falta de sentido da realidade daquele que reluta em não querer ver o que se passa ao seu redor. É comum a gente ouvir: "Já fui muito cego, hoje consigo ver as coisas de outra forma e com outros olhos". Ou então: "Fulano está iluminado", expressão que revela a beleza interior, a capacidade de inteligência ou sua aura de santidade.

2º passo: sentido bíblico

"Deus disse: 'faça-se a luz'! E a luz se fez. Deus viu que a luz era boa. Deus separou a luz das trevas. À luz Deus chamou 'dia' e às trevas chamou 'noite'. Houve uma tarde e uma manhã: o primeiro dia" (Gn 1,3-4). Desde essa separação de luz e trevas, o símbolo da luz se torna quase sinônimo de vida e será o contraponto das trevas.

Deus se revelou a Moisés no meio da sarça ardente (Ex 3,2-6). A luz é compreendida mais com o sentido ético, como meio para se caminhar, como sugere a coluna de luz presente na caminhada do povo de Deus no deserto, em Êxodo 13,21: "o Senhor os precedia, de dia, numa coluna de nuvem, para lhes mostrar o caminho; de noite, numa coluna de fogo para iluminar, a fim de que pudessem andar de dia e de noite".

Jesus disse de si mesmo: "Eu sou a luz do mundo. Quem me segue não caminha nas trevas, mas terá a luz da vida" (Jo 8,12). Ele é a nova coluna de fogo que guia os seus discípulos na verdade plena. Estar na luz significa estar na verdade que nos conduz diretamente à salvação.

Bem profetizou Isaías a respeito da chegada do Messias: "O povo que andava na escuridão viu uma grande luz, para os que habitavam as sombras da morte uma luz resplandeceu" (9,1). Zacarias, o pai de João Batista, chamou Jesus como a luz do sol nascente que nos veio visitar (cf. Lc 1,78). Ao ser apresentado no templo, quarenta dias depois do seu nascimento, Simeão, homem justo e piedoso, viu naquele menino o cumprimento das promessas de Israel, por isso profetizou com ele nos braços: "meus olhos viram a tua salvação [...] luz para iluminar as nações e glória de Israel, teu povo" (Lc 2,30.32). João Batista proclamou Jesus, o Verbo de Deus, como "luz verdadeira que, vindo ao mundo, ilumina todo homem" (Jo 1,9).

O reino das trevas é construído sobre mentiras, segredos e escuridão. Ele exige a ausência de luz para sobreviver. João evangelista identifica o embate entre as trevas e a luz com a proposta de Jesus e de seu Reino e a recusa do mundo com suas idolatrias e falsidades.

O julgamento do mundo consiste nisto: "a luz veio ao mundo, mas pessoas amaram mais as trevas do que a luz, porque as suas obras eram más. Pois todo o que pratica o mal odeia a luz e não se aproxima da luz, para que suas ações não sejam denunciadas" (Jo 3,19-20).

O que é próprio do Mestre igualmente passa a pertencer aos discípulos: "Vós sois a luz do mundo [...]. Assim brilhe a vossa luz diante dos homens, para que vejam as vossas boas obras" (Mt 5,14-16). Os discípulos são chamados a estar na luz e, por isso mesmo, a praticar as obras que são próprias da luz. No seguimento de Cristo, a palavra dele nos guia e nos atrai: "Lâmpada para meus passos é tua palavra e luz no meu caminho" (Sm 119,105).

O prenúncio de sua ressurreição é narrado no episódio da transfiguração no monte Tabor, ali diante dos três apóstolos: "seu rosto brilhou como o sol e suas roupas ficaram brancas como a luz". É divino o brilho da santidade. Ao colocar-nos no seguimento de Jesus, alcançamos a vida plena e definitiva de ressuscitados que se manifesta como luz.

Caminhamos para o final dos tempos, no qual "não haverá mais noite: não se precisará mais da luz da lâmpada, nem da luz do sol, porque o Senhor Deus vai brilhar sobre eles e eles reinarão por toda a eternidade" (Ap 22,5).

No tempo de Jesus, os olhos eram concebidos como as janelas por onde a luz entrava na pessoa. Daí se vê o grande valor simbólico das curas de cegos. O grande milagre mesmo é receber a luz da fé, pois com ela se reconhece a verdadeira luz que dá vida ao mundo, se professa que Jesus é o Cristo enviado de Deus e se enxerga o invisível.

3º passo: sentido litúrgico

No Sábado Santo, a celebração da Vigília Pascal começa com a bênção do fogo novo fora da igreja. A comunidade se reúne em redor da fogueira, sinal de Jesus, nossa luz. A bênção do fogo bem expressa o sentido do rito: "Ó Deus, que pelo vosso Filho trouxestes àqueles que creem o clarão da vossa luz, santificai este novo fogo. Concedei que a festa da Páscoa acenda em nós tal desejo do céu, que possamos chegar purificados à festa da luz eterna. Por Cristo, nosso Senhor".

O fogo é bento. E depois se acende o Círio Pascal, sinal de Cristo ressuscitado, o novo fogo. Todos acendem sua vela no Círio: cada um, pelo Batismo, participa da luz de Cristo.

O Círio é preparado: traz uma cruz pintada, porque o ressuscitado é o mesmo que morreu na cruz. Há as letras Alfa e Ômega: são a primeira e a última letra do alfabeto grego. Significam que Jesus é o início e o fim, é o Senhor da história. Ainda há cinco grãos de incenso, indicando as cinco chagas de Jesus. O Círio Pascal aceso faz brilhar a luz da Ressurreição de Cristo na escuridão da noite.

Depois, todos se dirigem em procissão para a igreja com a luz nova nas mãos. Na igreja escura, o diácono ou o sacerdote entoa três vezes: *Eis a luz de Cristo!*

O diácono coloca o Círio Pascal no castiçal, no centro do presbitério ou junto ao ambão. O diácono incensa, se for o caso, o livro e o Círio. Do ambão, faz a proclamação da Páscoa, estando todos de pé e com as velas acesas.

Rito da luz no Batismo de crianças: entrega-se a vela ao pai ou padrinho, e quem preside lhe apresenta o círio pascal dizendo: "Recebe a luz de Cristo". Depois exorta que essa criança seja iluminada por Cristo para se tornar luz do mundo e que precisa da ajuda dos pais e padrinhos para caminhar como filha da luz.

O Batismo é chamado de "iluminação", pois nos concede a luz da fé para reconhecermos o Filho de Deus e a sua obra: "Eu vim ao mundo como luz, para que todo aquele que crê em mim não permaneça nas trevas" (Jo 12,46).

O Batismo não se renova, o que se renovam são as nossas promessas de vivê-lo intensamente pela vida afora. Por isso, "Na Vigília Pascal, após o rito do Batismo e da Confirmação, toda a assembleia de pé e com as velas acesas renova as promessas do Batismo".[6]

Na festa da Apresentação do Senhor, que ocorre no dia dois de fevereiro, ou seja, quarenta dias após o Natal do Senhor, cumpre-se a profecia de Simeão, assim como reza o prefácio da missa: "Vosso Filho eterno, hoje apresentado no templo, é revelado pelo Espírito Santo como glória do vosso povo e luz de todas as nações". No início dessa missa, dá-se a solene bênção e procissão das velas, popularmente conhecida como a "candelária".

4º passo: compromisso cristão

Estar na luz implica praticar as obras que possam ser vistas à luz do dia. Aquele que faz o mal prefere a escuridão das trevas para que seus atos não sejam descobertos. "Não há nada de oculto que não venha a ser revelado, e nada de escondido que não venha a ser conhecido" (Mt 10,26).

"Aquele que diz estar na luz, mas odeia o seu irmão, ainda está nas trevas. O que ama o seu irmão permanece na luz e não corre perigo de tropeçar" (1Jo 2,9-10).

Jesus chama os cristãos de "filhos da luz" e exorta-os a que "brilhe a vossa luz no meio dos homens para que vejam vossas boas obras e glorifiquem o Pai que está nos céus" (Mt 5,16).

A carta aos Efésios 5,8-9, por sua vez, exorta: "Outrora éreis trevas, mas agora sois luz no Senhor. Procedei como filhos da luz. E o fruto da luz é toda espécie de bondade e de justiça e de verdade".

Assim como uma lâmpada elétrica, tanto apagada como acesa, conserva a mesma forma externa, mas quando acesa é inundada de luz, assim a criança ou o adulto, no momento do Batismo, conserva sua forma externa, mas seu interior brilha pela luz da habitação divina.

Ao longo de nossa vida, não deixemos apagar essa luz sobrenatural, que é o próprio Espírito Santo morando em nós. Alimentemos a chama de nossa fé pelo estudo assíduo do Evangelho e pela prática constante da caridade.

---

[6] *Ritual de Iniciação Cristã de Adultos*, n. 231 bis.

Celebração da luz I

Esta celebração retoma alguns elementos da liturgia da Palavra da Vigília Pascal.

Acender o círio, enquanto o grupo canta ou reza algumas estrofes da proclamação da Páscoa.

Lado 1: *Pois eis agora a Páscoa, nossa festa, em que o real Cordeiro se imolou: marcando nossas portas, nossas almas, com seu divino sangue nos salvou.*

Lado 2: *Esta é, Senhor, a noite em que do Egito retirastes os filhos de Israel, transpondo o mar Vermelho a pé enxuto, rumo à terra onde correm leite e mel.*

Lado 1: *Pois esta noite lava todo crime, liberta o pecador dos seus grilhões, dissipa o ódio e dobra os poderosos, enche de luz e paz os corações.*

Lado 2: *Ó noite de alegria verdadeira, que prostra o faraó e ergue os hebreus, que une de novo ao céu a terra inteira, pondo na treva humana a luz de Deus.*

Comentarista: *Na Vigília Pascal meditamos as "maravilhas" que o Senhor faz por seu povo ao criá-lo à sua imagem e semelhança. Estabelece uma aliança com seu povo ao libertá-lo da escravidão do faraó. Mesmo diante da infidelidade do povo, o Senhor envia seu Filho para resgatar a humanidade.*

O leitor 1 proclama: Gn 1,1.26-31a – *E Deus viu o que fizera, e eis que era muito bom.*

A assembleia canta ou reza o Salmo 103.

Lado 1: *Bendize ao Senhor, ó minha alma!/ Senhor, Deus meu, como sois grande: Vestido de esplendor e majestade,/ envolto em luz como num manto.*

69

Lado 2: *Fazeis brotar fontes d'água pelos vales,/ elas correm pelo meio das montanhas; junto a elas as aves do céu se abrigam,/ desferindo seu canto por entre a folhagem.*

Lado 1: *Quão numerosas são vossas obras, Senhor,/ e todas fizestes com sabedoria; a terra está repleta das vossas criaturas./ Bendize ao Senhor, ó minha alma!*

Presidente: *Ó Deus, admirável na criação do homem, e mais ainda na sua redenção, dai-nos a sabedoria de resistir ao pecado e chegar à eterna alegria. Por nosso Senhor Jesus Cristo, vosso Filho, na unidade do Espírito Santo.*

O leitor 2 proclama: Ex 14,15–15,1 – *Os filhos de Israel entraram no mar a pé enxuto.*

Presidente: *Ó Deus, vemos brilhar ainda em nossos dias as vossas antigas maravilhas. Como manifestastes outrora o vosso poder, libertando um só povo da perseguição do faraó, realizais agora a salvação de todas as nações, fazendo-as renascer nas águas do Batismo. Concedei aos homens do mundo inteiro tornarem-se filhos de Abraão e membros do vosso povo eleito. Por nosso Senhor, Jesus Cristo, vosso Filho, na unidade do Espírito Santo.*

O leitor 3 proclama: Rm 6,3-11 – *Cristo, ressuscitado dos mortos, não morre mais.*

Rito da luz

Presidente: *"Eu sou a luz do mundo" (Jo 8,12), disse Jesus de si mesmo, e aos discípulos: "Vós sois a luz do mundo [...]. Assim brilhe a vossa luz diante dos homens, para que vejam as vossas boas obras" (Mt 5,14-16).*

Pode-se ler com proveito: 1Pd 2,9; Ef 5,8; At 2,3; Ap 22,5; Mt 25,30.

Motivar a partilha da Palavra com perguntas: *Como é o ser humano criado por Deus? Como o pecado destrói a obra de Deus? A morte e a Ressurreição de Cristo refazem a obra do Criador, devolvem ao ser humano a sua semelhança com Deus? Ele é a imagem perfeita do Pai? O Batismo possibilita à pessoa participar da Páscoa de Cristo para ser conforme a imagem dele? Como vive uma pessoa livre, segundo a vida nova dada pelo Batismo?*

Pode-se concluir com algumas preces espontâneas.

Presidente: *Ao longo de nossa vida, não deixemos apagar essa luz sobrenatural, que é o próprio Espírito Santo morando em nós... Alimentemos a chama de nossa fé pelo estudo assíduo das palavras de Cristo e pela prática constante da caridade.*

Reza-se o Pai-Nosso.

Bênção

Presidente: *O Senhor nos abençoe e nos guarde!*

Todos: Amém.

Presidente: *O Senhor faça brilhar sobre nós a sua face e nos seja favorável!*

Todos: Amém.

Presidente: *O Senhor dirija para nós o seu rosto e nos dê a paz!*

Todos: Amém.

Celebração da luz II

Preparar o círio e velas para os participantes. O lugar da celebração está em penumbra. Entra uma ou mais pessoas com velas acesas entoando o mantra: "Ó luz do Senhor que vem sobre a terra, inunda meu ser, permanece em nós...".

Aproxima(m)-se do círio pascal, acende(m)-o com calma e faz-se silêncio. Depois de um espaço de tempo, o presidente inicia o diálogo.

Presidente: Vós, que estais aqui, irmãos queridos, em torno desta chama reluzente, erguei os corações, e assim unidos invoquemos a Deus onipotente. Ele quis nos reunir para cantar a glória desta chama, de sua luz um raio nos transpasse!

Todos: Na noite pascal em que a coluna luminosa dissipou as trevas do pecado, e aos que creem em Cristo em toda a terra um novo povo eleito congregou!

Presidente: Ó noite pascal em que Jesus rompeu o inferno, ao ressurgir da morte vencedor: de que nos valeria ter nascido, se não nos resgatasse em seu amor?

Todos: Ó Deus, quão estupenda caridade vemos fulgurar no vosso gesto: não hesitais em dar o próprio Filho para resgatar a culpa dos servos.

Leitor proclama: Efésios 5,6-17 – *Procedei como filhos da luz.*

Os participantes repetem aleatoriamente os versículos. Em seguida faz-se a partilha da Palavra, recomendando-se retomar as ideias dos quatro passos sobre a luz.

Rito da luz

Presidente aproxima-se do Círio e canta três vezes: "Eis a luz de Cristo!".

Todos: Demos graças a Deus.

Cada participante acende sua vela no círio.

Presidente: Irmãos, vocês foram iluminados por Cristo no dia do Batismo para se tornarem luz do mundo. Para viverem como filhos da luz, vocês renunciam ao pai da mentira, princípio do mal deste mundo?

Todos: Renuncio.

Presidente: Diante da luz pascal que ilumina a escuridão do pecado, do mal e da morte, vocês professam a fé em Cristo, nosso único Senhor?

Todos: Cremos em Jesus Cristo, como nosso Senhor e nossa Luz.

Presidente: Somos filhos da luz, herdeiros do Reino e templos do Espírito Santo. A glória de Deus brilha dentro de nós. Estamos convictos de que somos vencedores do mal e da morte porque a força da ressurreição de Jesus é a força de vida que nos move para a fonte da vida?

Todos: Temos certeza de que a força da vida, do amor e da paz vive em nós como uma fonte que nos conduz para a vida eterna. Essa fonte, princípio de vida, é a luz do Espírito de Cristo que brilha em nosso peito.

Canto: *A nós descei, Divina Luz...*

Todos: Pai nosso...

Apagam-se as velas. Presidente dá a bênção final.

8 Água

1º passo: sentido cotidiano

"Um dos países mais ricos em água doce é o Brasil. Tem grandes bacias hidrográficas que constituem 12% da água doce existente no mundo. É o único país de dimensões continentais onde chove em todo o seu território. Entretanto, a situação de nossas águas é uma lástima. Aproximadamente 70% dos rios brasileiros estão contaminados. Do ponto de vista do consumo, 20% da população brasileira (35 milhões) não tem acesso à água potável; 40% da água de nossas torneiras não serve para beber (atingindo perto de 70 milhões de pessoas); 80% do esgoto coletado é jogado *in natura* nos rios brasileiros."[1]

A água é ambivalente, simboliza a morte e a vida. A água é fonte de vida, faz as matas ficarem verdes, os açudes matarem a sede do gado e as cidades consumirem milhões de metros cúbicos. A água também tem um poder destruidor natural nas tempestades e enchentes, e sua falta ocasiona os desertos e as secas.

A água representa: "[...] cerca de 60% do peso de um adulto [...]. Ela é o elemento mais importante do corpo, o principal componente das células e um solvente biológico universal, por isso todas as nossas reações químicas internas dependem dela. A água também é essencial para transportar alimentos, oxigênio e sais minerais, além de estar presente em todas as secreções (como o suor e a lágrima), no plasma sanguíneo, nas articulações, nos sistemas respiratório, digestivo e nervoso, na urina e na pele [...]. Um ser humano pode ficar semanas sem ingerir alimentos, mas passar de três a cinco dias sem ingerir líquidos pode ser fatal. Os especialistas recomendam que a gente beba no mínimo 2,5 litros por dia".[2]

---

[1] BARROS, M. O segredo da água; por uma espiritualidade ecológica. *Diálogo. Revista de ensino religioso*, ano VIII, n. 32, p. 17, out. 2003.

[2] PINSKY, Luciana. *Quais são as funções da água no corpo humano?* Disponível em: <http://mundoestranho.abril.com.br/materia/quais-sao-as-funcoes-da-agua-no-corpo-humano>. Acesso em: 23/08/2012.

A criança é formada no ventre materno banhada pelo líquido amniótico e nasce quando se rompem as águas. Submergir significa retornar à fluidez amniótica do útero, regressar à noite do inconsciente. As águas desfazem todas as formas, dissolvem a vida e possibilitam, assim, a nova criação.

Universalmente, as religiões a celebram como símbolo sagrado purificador que traz vida nova e renova o mundo.

2º passo: sentido bíblico

No Antigo e no Novo Testamento, a água aparece várias vezes como figura ou imagem do Batismo. O ministro, ao benzer a água batismal, recordará sua função na história da salvação para que comunique, agora, essa mesma graça aos que nela forem banhados:

a) Água da vida: na origem do mundo, o Espírito Santo pairava sobre as águas, infundindo nelas a vida dos seres (cf. Gn 1,2.6-10; 1,21-22).

b) Água que purifica: a arca de Noé flutuou sobre as águas do dilúvio, sepultando os vícios da humanidade (cf. Gn 6,9–9,28).

c) Água que liberta: os hebreus, atravessando as águas do mar Vermelho, foram libertados da escravidão a que eram submetidos no Egito (cf. Ex 14,15-22).

d) Água que cumpre a promessa: atravessando as águas do rio Jordão, os hebreus entraram na posse da Terra Prometida (cf. Js 1,10-18).

e) Água que sacia a sede e conserva a vida: "Moisés golpeia duas vezes a rocha com a vara, e jorrou água em abundância, de modo que a comunidade e os animais puderam beber" (Nm 20,11). No Evangelho, Jesus prometeu para a samaritana, junto ao poço, "uma fonte de água jorrando para a vida eterna" (Jo 4,13).

f) Água que cura Naamã, o leproso, nas águas do Jordão (cf. 2Rs 5,1-19).

g) Água que consagra: ao descer às águas do Jordão para ser batizado, Jesus foi consagrado pelo Espírito Santo para sua missão de Salvador (cf. Mc 1,9-11).

h) Água que produz o novo nascimento (regeneração): pela água e pelo Espírito, Jesus afirma a Nicodemos que é necessário nascer de novo para o Reino (cf. Jo 3,1-15).

i) Água que salva: na cruz, quando o soldado transpassou o peito de Jesus com uma lança, saiu sangue e água (cf. Jo 19,34).

Todos esses acontecimentos que envolvem a água anunciam uma realidade e uma verdade somente revelada e realizada em Cristo. Ele é o verdadeiro Adão que nos livra do pecado, novo Noé que pelas águas batismais nos salva do naufrágio, novo Moisés que nos liberta por uma nova Páscoa.

São Paulo apóstolo explica: "Acaso ignorais que todos nós, batizados no Cristo Jesus, é na sua morte que fomos batizados? Pelo Batismo fomos sepultados com ele na morte, para que, como Cristo foi ressuscitado dos mortos pela ação gloriosa do Pai, assim também nós vivamos uma vida nova (Rm 6,3-4; cf. também Cl 2,12).[3]

3º passo: sentido litúrgico

A primeira carta aos Coríntios 10,1-4.6 trata da *travessia do Mar Vermelho* e revela o *Batismo:* "Os nossos pais estiveram todos debaixo

---

[3] Cf. AZEVEDO, Walter Ivan de. *Sou batizado... e daí?* São Paulo: Paulinas, 2012. pp. 39-40.

da nuvem e todos passaram pelo mar; na nuvem e no mar, todos foram batizados em Moisés; todos comeram do mesmo alimento espiritual e todos beberam da mesma bebida espiritual; de fato, bebiam de uma rocha espiritual que os acompanhava. Essa rocha era o Cristo. Esses acontecimentos se tornaram símbolos para nós".

A saída do Egito já é um Batismo. As duas realidades têm uma mesma significação. Elas marcam o fim da servidão do pecado e a entrada em uma existência nova. Nos primeiros séculos, os adultos eram batizados em piscinas e, simbolicamente, entravam por um lado e saíam pelo outro. Atravessando a piscina do Batismo, assim como o povo hebreu passou pelo mar Vermelho, o povo realiza o novo e verdadeiro Êxodo. O novo povo de Deus torna-se livre da tirania do mal.

O celebrante, ao *benzer a água batismal* no Sábado Santo,[4] ou em cada celebração batismal, lembra aos fiéis, um a um, os acontecimentos

---

[4] *Missal Romano*. Vigília Pascal, n. 42.

salvíficos do Antigo e do Novo Testamento. Essa oração de bênção da água nos coloca em continuidade com esses mesmos fatos; por isso, invoca o poder do Espírito sobre a fonte batismal, para que o candidato, ao ser coberto pelas águas, participe de todos esses mistérios salvíficos e tenha sua vida transformada por eles.

A palavra "Batismo", em sua raiz grega, significa "imergir na água". Este é o principal efeito do Batismo: participar da Páscoa de Cristo e ser enxertado nela; uma vez que aquele que é batizado desaparece na água, sofre uma morte semelhante à de Cristo, ressuscita para a vida e recebe a graça da imortalidade. É um novo nascimento! O sinal de imergir por três vezes recorda em nome de quem somos adquiridos como filhos, participantes da divina família trinitária.

O banho com água unido à Palavra da vida (cf. Ef 5,26) lava a pessoa de toda culpa, tanto original como pessoal, e a torna "participante da natureza divina" (2Pd 1,4) e da "adoção de filhos" (Rm 8,15; Gl 4,5). Ao invocar a Santíssima Trindade sobre os batizandos, estes são marcados para sempre pelas Três Pessoas Divinas, para que lhes sejam consagrados e entrem em comunhão com elas.

"Porque, se nos tornamos uma coisa só com ele por morte semelhante à sua, seremos uma coisa só com ele também por ressurreição semelhante à sua" (Rm 6,5). O banho batismal nos proporciona uma morte semelhante à de Cristo. Por isso, tornamo-nos uma coisa só com ele. "A água é sepulcro e vida. Nos cristãos tomamos o banho 'em nome do Senhor', ou 'em nome do Pai e do Filho e do Espírito Santo'. O sentido do banho não é uma morte e uma renovação ideal, mas a participação na morte e na ressurreição histórica de Jesus Cristo."[5]

O Batismo pode ser realizado das seguintes maneiras:

- mergulhando a criança parcial ou totalmente na água;

- derramando água sobre a cabeça da criança, deixando-a escorrer sobre todo o corpo;

- derramando água somente sobre a cabeça da criança.[6]

---

[5] TENA, Pere. *El rito litúrgico del bautismo de niños,* p. 22.

[6] Ibid., n. 145.

Aspersão de água benta

A água benta é um sacramental, ou seja, por si só não possui a eficácia de um sacramento, mas é sinal do nosso Batismo; por isso mesmo a sua aspersão é prescrita em uma das fórmulas do Ato Penitencial da Missa e é solenizada quando se faz nos domingos do Tempo Pascal com a água que foi abençoada durante a Vigília de Páscoa na noite do Sábado Santo.

A água abençoada traz Cristo à nossa mente, Ele que é para nós a essência da bênção divina e instituiu o Batismo, no qual renascemos pela água e pelo Espírito Santo. Toda vez, portanto, que formos aspergidos com essa água ou usarmos água benta, com o sinal da cruz, ao entrar na igreja ou em casa, estaremos relembrando o nosso Batismo e, de algum modo, renovando nossa fidelidade a ele.

4º passo: compromisso cristão

Ao sermos mergulhados na água da vida do Batismo, Deus coloca em nós a fé, a esperança e o amor, para sermos capazes de viver de acordo com seu projeto. Produz uma transformação interior e para sempre. Da parte de Deus não nos falta nenhuma graça, inclusive apagou todos os nossos pecados.

Fica pendente a nossa resposta de fé, pois a vida nova da graça, recebida no Batismo, não suprimiu a fraqueza da natureza humana nem a inclinação ao pecado. Durante toda a vida permanece nossa liberdade para responder sim ou não ao projeto de Deus. A configuração com Cristo, ocorrida no banho batismal, como primeira participação na morte e ressurreição de Cristo, requer nossa adesão de fé ao longo da vida inteira.

Como a ação de Deus é eficaz e para sempre, o Batismo não pode ser reiterado. Podemos, sim, renovar as promessas de vivê-lo intensamente nas várias fases de nossa vida. Por isso, a cada ano, depois de benzer a água batismal na *Vigília Pascal* do Sábado Santo, toda a comunidade renova seus propósitos de viver o Batismo, e é aspergida.

A renovação das promessas batismais retoma o rito que é feito imediatamente antes do Batismo, que consiste na renúncia ao mal e na profissão de fé no Deus vivo de Jesus Cristo, na força do Espírito Santo, com o compromisso de viver como filhos de Deus neste mundo. Jesus é referência de quem luta e vence o mal e é obediente ao Pai. Jesus é fiel até o fim à realização de sua missão como servo, superando as tentações.

O rito da renovação das promessas batismais consta do ato de renúncia ao tentador e às suas seduções, seguido da profissão de fé que culmina na aspersão da água. "A palavra 'renunciar', empregada para renegar o mal, poderá ser substituída por outra expressão equivalente como 'lutar contra', 'deixar de lado', 'abandonar', 'combater'; 'dizer não'; 'não querer'."[7]

---

[7] *Ritual do Batismo de Crianças*, n. 140.

Igualmente, no *rito da confirmação*, antes de o bispo crismar, os eleitos renovam as promessas batismais, visto que a crisma é um novo derramamento do Espírito, para o fiel ter forças de viver com dignidade o projeto de vida do seu Batismo.

Também podemos renovar as promessas batismais antes de receber a primeira comunhão. Na profissão perpétua na vida religiosa, os candidatos também renovam as promessas batismais.

Fonte batismal

"A sua importância simbólica é evidente: nela, pela água e pelo Espírito, renascemos para uma vida nova, submergidos no Mistério Pascal da morte e ressurreição de Cristo.

Nos inícios da Igreja, seguramente, os batismos realizaram-se na água corrente, em rios, piscinas e poços. Depois, criaram-se lugares específicos. Conservam-se ainda algumas fontes batismais do século III, construídas em pedra, de forma quadrada, hexagonal, octogonal, cruciforme ou circular, com simbolismos próprios em cada uma destas formas.

As catedrais e as paróquias devem ter uma fonte batismal, assim como outras igrejas, se assim o entender o bispo do lugar. Por vezes, a água brota viva dessa fonte. A fonte, que é o lugar mais expressivo e recomendado para este sacramento, deve ser fixa, digna e apta para a imersão [...]. A própria fonte, pelo seu simbolismo de sacramento de ingresso na comunidade e na vida de Cristo, é conveniente que continue a ter o seu lugar junto à entrada da igreja."[8]

A fonte indica-nos que nascemos para a vida nova como participantes da Nova Humanidade.

---

[8] ALDAZÁBAL, José. *Vocabulário básico de liturgia*. São Paulo: Paulinas, 2013. p. 152.

Renovação da fé e das promessas batismais

Faz-se inicialmente uma celebração da Palavra como de costume. Sugerimos o texto de Hb 11,1-3.17-29; 12,1-3.

Catequista: *"A Carta aos Hebreus foi dirigida a uma comunidade que passava por dificuldades grandes e por crises de fé, tentada de pessimismo, desânimo e abandono da fé em Cristo. O autor conforta os fiéis e os convida a recordar o passado, para se darem conta de quantos já passaram por isso! Tantos enfrentaram crises e provas maiores, e ficaram firmes na fé, pois sabiam que Deus é fiel e sua Palavra não engana. E convida a prosseguir firmes na fé, sem desanimar, com o olhar fixo em Jesus Cristo, que está na origem de nossa fé cristã e é capaz de a sustentar e levar até a perfeição" (SCHERER, Odilo Pedro. Senhor, aumentai a nossa fé! 2ª Carta Pastoral à Arquidiocese de São Paulo. Ano da fé 2012-2013).*

Recomenda-se apresentar testemunhos de fé dos participantes.

Lado 1: *No jardim do mundo encontramos rios cruzando a terra. Toda a criação está plena de água (Gn 1,2).*

Todos: Pelo Batismo somos gerados para Deus.

Lado 2: *Das águas do útero materno, nasce uma vida. Das águas do Batismo, nasce uma nova vida para Deus e para a Igreja.*

Todos: Pelo Batismo somos gerados para Deus.

Lado 1: *Assim como o nosso primeiro nascimento se operou na água, da mesma forma da água batismal se dá o novo nascimento pelo Espírito Santo.*

Todos: Pelo Batismo somos gerados para Deus.

Lado 2: *A fé nos conduz aos pés da cruz, plantada no chão para contemplar o homem nela cravado, sangrando água.*

Todos: Pelo Batismo somos gerados para Deus.

Lado 1: *O Batismo é a marca, o selo da nossa pertença total ao Deus da vida, em profunda comunhão com Cristo morto e ressuscitado, pela força do Espírito Santo.*

Todos: Pelo Batismo somos gerados para Deus.

Oração de louvor ao redor da água

Se houver fonte ou pia batismal, todos se concentram ao redor dela. Utilizar água já abençoada.

Catequista: *Ó Deus, nosso Pai, quantas vezes ao longo da história da salvação vós vos servistes da água para nos dar a conhecer a graça do Batismo! Já no princípio do mundo vosso Espírito pairava sobre as águas que, por ele fecundadas, conceberam a vida.*

Todos: O Senhor fez por nós maravilhas, Santo, Santo, Santo é o seu nome!

Catequista: *Quando as águas do dilúvio inundaram a terra, vós a purificastes de toda a maldade e fizestes surgir uma nova humanidade.*

Todos: O Senhor fez por nós maravilhas, Santo, Santo, Santo é o seu nome!

Catequista: *Quando o povo de Israel saiu do Egito, vós abristes um caminho por entre as águas para que ele atravessasse o mar Vermelho a pé enxuto. Livre da escravidão, Israel já anunciava, de longe, o povo que haveria de nascer das águas do Batismo.*

Todos: O Senhor fez por nós maravilhas, Santo, Santo, Santo é o seu nome!

Catequista: *Quando Jesus foi batizado nas águas do rio Jordão, os céus se abriram. O Espírito Santo desceu sobre vosso Filho e vós declarastes todo o vosso amor para com ele.*

Todos: O Senhor fez por nós maravilhas, Santo, Santo, Santo é o seu nome!

Catequista: *Quando Jesus foi pregado na cruz, seu coração foi traspassado pela lança do soldado, e do lado aberto fez jorrar, com a água e o sangue, os sacramentos da Igreja.*

Todos: O Senhor fez por nós maravilhas, Santo, Santo, Santo é o seu nome!

Catequista: *Após a sua ressurreição, o Senhor Jesus ordenou aos apóstolos: "Ide, fazei todos os povos discípulos meus batizando-os em nome do Pai e do Filho e do Espírito Santo".*

Todos: O Senhor fez por nós maravilhas, Santo, Santo, Santo é o seu nome!

Catequista: *Renovai, ó Pai, a graça do Batismo em todos aqueles que professam a fé pela água e pelo Espírito, e alcancem a vida eterna. Por Cristo, nosso Senhor.*

Todos: Amém.

Catequista: *Senhor, Pai santo, ponde os vossos olhos sobre nós, remidos pelo vosso Filho e renascidos pelo Batismo na água e no Espírito Santo. Concedei aos que forem aspergidos com esta água renovar-se no corpo e na alma e oferecer-se puros ao serviço divino. Por Cristo, nosso Senhor.*

Todos: Amém.

Catequista: *Pelo mistério pascal fomos no Batismo sepultados com Cristo para vivermos com ele uma vida nova. Quando fomos batizados, não pudemos consentir com nossa própria voz ao dom da fé que estávamos recebendo. Hoje, renovemos as promessas do nosso Batismo, pelas quais renunciamos às obras más e prometemos servir a Deus na Igreja. Para viver na liberdade dos filhos de Deus, vocês renunciam ao pecado?*

Catequizandos: *Renuncio.*

Catequista: *Para viver como irmãos, vocês renunciam a tudo o que causa desunião?*

Catequizandos: *Renuncio.*

Catequista: *Para seguir Jesus Cristo, vocês renunciam ao demônio, autor e princípio do pecado?*

Catequizandos: *Renuncio.*

Catequista: *Relembrando o nosso Batismo, vamos como Jesus ser fiéis à missão a que fomos consagrados. Vocês acreditam em Deus, Pai, que fez tudo o que existe, que nos ama e deseja a felicidade de todos os seus filhos?*

Catequizandos: *Acredito.*

Catequista: *Vocês acreditam em Jesus Cristo, Deus Filho, que se fez homem como nós, nasceu da Virgem Maria, sofreu e morreu para nos salvar, foi sepultado, ressuscitou dos mortos e subiu ao céu?*

Catequizandos: *Acredito.*

Catequista: *Vocês acreditam em Deus, Espírito Santo, que mora em cada um de nós e dirige invisivelmente a Igreja?*

Catequizandos: *Acredito.*

Catequista: *Vocês acreditam que Deus perdoa os pecados quando nos arrependemos e nos confessamos?*

Catequizandos: *Acredito.*

Catequista: *Nós professamos nossa fé em Deus Pai, Filho e Espírito Santo, razão de nossa alegria neste mundo, porque nada é maior do que o amor e a misericórdia que ele nos dá.*

Em seguida, cada um molha a mão na água benta e traça sobre si o sinal da cruz. Pode-se cantar uma música referente ao Batismo, à água. Conclui-se com a oração do Pai-Nosso.

Gestos litúrgicos

9 Lava-pés

1º passo: sentido cotidiano

Até hoje, lavar os pés de uma pessoa é sinal de serviço, de humildade, de caridade. Antigamente, na zona rural era mais comum colocar água numa bacia e lavar os pés ou partes do corpo.

Em João 13,1-17, Jesus realiza um gesto impressionante, certamente inusitado em nosso mundo de hoje, porém com uma intenção expressiva às vésperas da Páscoa. Durante uma ceia, Jesus levantou-se, depôs o manto e lavou os pés dos apóstolos.

2º passo: sentido bíblico

No tempo de Jesus, esse gesto estava muito presente na sociedade, visto que se caminhava muito a pé, e o primeiro gesto de acolhida numa casa era oferecer água para lavar os pés do peregrino. Lavar os pés de outro era, entre os judeus (e orientais, em geral), um sinal de excelente hospitalidade. Ato mais significativo em países muito secos, com caminhos cheios de poeira. Assim, Abraão ofereceu água para lavar os pés dos três personagens que o visitaram em Mambré (Gn 18,4). Também a mulher pecadora, quando viu Jesus à mesa na casa do fariseu, trouxe um vaso cheio de perfume, postou-se aos pés de Jesus e, chorando, lavou-os com suas lágrimas, enxugou-os com os seus cabelos, beijou-os e os ungiu com o perfume (Lc 7,36-50).

"Muitas vezes a delicadeza chegava ao ponto de lavar pessoalmente os pés do peregrino, ou então os discípulos os pés do mestre, a esposa os do esposo, os filhos os do pai [...]. Sem chegar a ser um ofício exclusivo de escravos, supunha sempre uma humilde submissão por parte de quem realizava esse gesto."[1]

---

[1] ALDAZÁBAL, José. *Gestos e símbolos*. São Paulo: Loyola, 2005. p. 164.

O estranho é ver Jesus lavando os pés. Dessa forma, o gesto se reveste do valor da humildade, do serviço, do despojamento. Porque o comum era que um serviçal o realizasse.

Pedro não entende o gesto de Jesus. Recusa-se a ver no Mestre a imagem do Servo, preconizado no Livro de Isaías. "Tu não me lavarás os pés nunca!" (v. 8). Antes, quando Jesus anunciou a sua paixão, ele já tinha recusado a aceitar os sofrimentos de Cristo na cruz. Era-lhe muito mais própria a mentalidade de um Messias forte, poderoso e capaz de libertar o povo de toda opressão. Novamente, Jesus revela o seu messianismo como serviço que se cumprirá plenamente na sua morte na cruz.

A maneira de Jesus viver mostra que a felicidade do ser humano não consiste em grandeza e poderio, muito pelo contrário, as bem-aventuranças que proclamou e a simplicidade de sua vida revelam um caminho bem diferente, mesmo quando os discípulos disputavam sobre quem seria o maior dentre eles. Jesus disse com clareza: "entre vós, não deve ser assim. Pelo contrário, o maior entre vós seja como o mais novo, e o que manda, como quem está servindo. Eu estou no meio de vós como aquele que serve" (Lc 22,26.27b).

Somente é possível entender o lava-pés no seguimento de Jesus, considerando suas atitudes em favor dos mais fracos da sociedade, sem nunca se afirmar no poder. Teve essa oportunidade quando multiplicou pães e, por isso, queriam fazê-lo rei. Mas como entender um Messias sucumbido pela violência do sinédrio e da ocupação romana?

3º passo: sentido litúrgico

O tríduo pascal no qual se comemora a paixão, morte e ressurreição do Senhor tem início na véspera da Sexta-Feira Santa. A cruz, que será o centro da Sexta-Feira Santa, tem um prólogo na Quinta-Feira com um duplo gesto: a lavação dos pés e a Eucaristia.

O evangelho de João substitui o relato da ceia pela cena do lava-pés. O gesto de lavar os pés, o sacrifício da cruz e o sacramento memorial desse sacrifício – a Eucaristia – têm em comum o serviço humilde de amor e entrega pela humanidade.

"A prova autêntica de humildade e serviço vai ser a morte na cruz. Entretanto, os gestos da Última Ceia – o lava-pés e, sobretudo, a doação do Pão e do Vinho – têm por fim antecipar o mistério da Páscoa. Pôr-se a lavar os pés é mais que uma lição dramatizada de caridade fraterna; é um gesto profético, uma 'parábola sacramental' sobre a maneira como, na cruz, vai ser despojado e irá perder até a própria vida pelos demais. Agora se despoja do manto. E, então, até da vida."[2]

A celebração do lava-pés no pequeno grupo de catequese tem como finalidade o aprofundamento experiencial do sentido do rito que ganhará todas as luzes na grande celebração comunitária em seu tempo próprio: a Quinta-Feira Santa. Inclusive, pode-se pedir que pais lavem os pés dos filhos e vice-versa, como também um catequizando lave os pés do outro, colocando em prática o mandato de Jesus.

4º passo: compromisso cristão

O serviço de dar a vida, o serviço de entregar-se a ponto de perder a própria vida para que todos possam viver uma vida plena é a lição mais evidente de Jesus nesta cena descrita por João. Não basta repartir o pão e o vinho transformados no corpo e no sangue vivos de Jesus. É preciso doar-se servindo. É o serviço de dar a vida que transforma o mundo, a sociedade, as pessoas, cada um de nós.

---

[2] Ibid., pp. 164-165.

Jesus, o Filho de Deus encarnado, entende sua vida e sua missão como serviço de amor à humanidade. E a entrega da sua vida na cruz será o cume dessa entrega. Isto é Eucaristia.

Ele se doa inteiramente. "Se eu, o Senhor e Mestre, vos lavei os pés, também vós deveis lavar os pés uns aos outros. Dei-vos o exemplo, para que façais assim como eu fiz para vós" (Jo 13,14-15). Assim, o Reino de Cristo só pode ser recebido e instaurado com o serviço de amor que os que aceitam seguir Jesus prestam ao mundo.

Celebração do lava-pés

Preparar e celebrar o *lava-pés* com o grupo. Mostrar a ligação entre pão e vinho consagrados (corpo e sangue de Jesus), morte na cruz e serviço aos irmãos, como componentes de uma única realidade salvífica. Conversar antes com o grupo: *Por que esse gesto faz parte da celebração da Quinta-Feira Santa, quando celebramos a instituição da Eucaristia? Que atitudes Jesus propõe para quem quer ser seu discípulo?*

Preparar toalha de mesa, pão e vinho suficientes para todos partilharem. Arrumar cadeiras, bacia, jarro com água e toalhas para o lava-pés. Todos permanecem de pé e em silêncio.

Comentarista: *No Antigo Testamento, um dos ritos da hospitalidade era o de lavar os pés do hóspede para limpá-los da poeira do caminho (Gn 18,4). Jesus celebra a ceia com seus apóstolos e antecipa nos sinais do pão e do vinho a profecia de sua morte na cruz. Sua morte é Páscoa, significa a intervenção do Pai, que salva a humanidade pelo amor de seu Filho levado às últimas consequências. O amor gerado na cruz é libertador, oblativo e desinteressado.*

Distantes da mesa, os leitores proclamam o Evangelho: Lc 22,7-13 – *Ide fazer os preparativos para comermos a ceia pascal.*

Após a proclamação, duas pessoas se dirigem à mesa com as toalhas, preparam-na e colocam sobre ela o pão e o vinho. Cantar: "Eu quis comer esta ceia agora, pois vou morrer, já chegou minha hora...", ou outro canto com essa temática.

Comentarista: *O pão e o vinho partilhados serão os sacramentos da vida doada de Jesus como serviço de amor, de solidariedade para a união dos seres humanos. Praticamos o Evangelho somente quando há entrega, doação de nossa parte. Por isso, existe correspondência entre celebrar a Eucaristia, doar a própria vida e servir a comunidade desinteressadamente. Eis aí a lição do lava-pés.*

O leitor 3 e o leitor 4 fazem respectivamente a parte de Pedro e a de Jesus: Jo 13,1-17 – *Se eu, o Senhor e Mestre, vos lavei os pés, também vós deveis lavar os pés uns aos outros.*

O comentarista dá sequência ao lava-pés com aqueles que foram previamente orientados e preparados. Enquanto isso, todos entoam um canto apropriado.

O comentarista convida para a oração do Pai-Nosso. Antes de partir o pão e distribuir o vinho, convidar os participantes para trazerem os alimentos que serão doados. Todos comem o pão e recebem o vinho, enquanto se entoa um canto sobre a caridade.

10 Acolher

1º passo: sentido cotidiano

Somos muito sensíveis na maneira como nos sentimos acolhidos numa comunidade de fé ou em quaisquer outras situações de nossa vida. Hoje, apesar de viverem próximas, as pessoas são, na sua grande maioria, carentes. As pessoas têm necessidade de ser ouvidas, de poder falar sobre sua vida, seu trabalho, sua casa, suas angústias, seus planos para o futuro...

Acolher bem já indica nossa boa disposição de aceitar a pessoa, de ouvi-la e ajudá-la a se sentir bem naquele momento. Com apenas um sorriso, um abraço ou um beijo já nos sentimos acolhidos. A atenção, o carinho e o interesse demonstram que o ambiente é favorável, e amavelmente as pessoas estão dispostas a resolver nossas necessidades. A acolhida provoca transformações mútuas. Ao acolhermos, somos, simultaneamente, acolhidos, e essa reciprocidade é transformadora, provocadora de situações que geram outros gestos de amor.

Continuamente, nosso olhar deve estar voltado para o outro como alguém a quem somos chamados a acolher. A pessoa humana é um ser em relação que acolhe com sua atitude, olhar, sorriso, simpatia, carinho, serviço.

Se de um lado o marketing das empresas inventa mil estratégias para valorizar o cliente, genuinamente, a nossa fé desenvolve o sentido do outro em nossa vida como razão de ser de toda a prática de fé cristã. Sem o espírito evangélico, a acolhida torna-se algo formal e mecânico ou pautado por outros interesses.

2º passo: sentido bíblico

São Paulo, na Carta aos Romanos (15,7), recomenda: "acolhei-vos uns aos outros, como Cristo nos acolheu para a glória do Pai". Jesus acolheu a todos, sem discriminação ou preconceito.

"Vemos como ele se aproxima do cego no caminho (cf. Mc 10,46-52), quando dignifica a samaritana (cf. Jo 4,7-26), quando cura os enfermos (cf. Mt 11,2-6), quando alimenta o povo faminto (cf. Mc 6,30-44), quando liberta os endemoninhados (cf. Mc 5,1-20). Em seu Reino de vida, Jesus inclui a todos: come e bebe com os pecadores (cf. Mc 2,16), sem se importar que o tratem como comilão e bêbado (cf. Mt 11,19); toca com as mãos os leprosos (cf. Lc 5,13), deixa que uma prostituta lhe unja os pés (cf. Lc 7,36-50) e, de noite, recebe Nicodemos para convidá-lo a nascer de novo (cf. Jo 3,1-15). Igualmente, convida seus discípulos à reconciliação (cf. Mt 5,24), ao amor pelos inimigos (cf. Mt 5,44) e a optarem pelos mais pobres (cf. Lc 14,15-24)."[1]

A acolhida feita por Jesus é um gesto de amor incondicional e só quem ama acolhe aqueles que são vítimas do desamor. Recordemos como Jesus acolheu a mulher tida como pecadora e a transformação que se deu em sua vida.

"Está vendo esta mulher? Quando entrei na tua casa, não me ofereceste água para lavar os pés; ela, porém, lavou meus pés com lágrimas e os enxugou com os cabelos. Não me beijaste; ela, porém, desde que cheguei, não parou de beijar meus pés. Não derramaste óleo na minha cabeça; ela, porém, ungiu meus pés com perfume. Por isso te digo: os muitos pecados que ela cometeu estão perdoados, pois ela mostrou muito amor" (Lc 7,44-47a).

Jesus acolhe os gestos de amor da mulher que conduzem ao perdão dos pecados e os contrapõe, um a um, ao descaso da falta de acolhida do fariseu que o convidara para jantar. Ao ser acolhida com amor, a mulher demonstrou muito amor e multiplicou os gestos de benquerer. A acolhida de Jesus provocou-lhe uma transformação radical, fez com que se livrasse do peso da exclusão e voltasse em paz para casa (Lc 7,50). Se dependesse da acolhida do "certo fariseu", a mulher continuaria sendo a mesma pecadora de sempre e estaria, ainda, marginalizada, nada mudando nas relações entre eles.[2]

Em Lucas 15,11-32, Jesus nos conta a parábola do filho pródigo; não se pode esquecer da cena do pai que, ao avistar o filho de longe, se

---

[1] *Documento de Aparecida*, n. 353.

[2] Cf. PEREIRA, José Carlos. *Pastoral da acolhida;* guia de implantação, formação e atuação dos agentes. São Paulo: Paulinas, 2009. pp. 21-22.

encheu de compaixão. Correu-lhe ao encontro, o abraçou e beijou. O pai não cobrou nada ao filho, apenas o abraçou e beijou, trazendo-o para uma nova condição de vida. O filho, por sua vez, se sentiu amado, até tentou justificar, mas foi em vão, o pai o amava mais. O modo de acolher as pessoas é o que faz a diferença e determina como vão ser as coisas dali em diante.

A acolhida mostra que Deus quer que todas as pessoas se salvem. Ele ama todo mundo. Deus manifestou sua salvação universal em Cristo e na Igreja. Essa é a vontade de Deus, e a nós foi dado conhecê-la e aceitá-la.

A acolhida evangélica é incondicional e universal. O apóstolo Tiago em sua carta, capítulo 2,2-9, diz que em nome da fé não se deve admitir nenhuma acepção de pessoas. Ele imagina a entrada de duas pessoas numa celebração. Uma com anel de ouro e bem vestida e a outra, pobre, com a roupa surrada. À primeira se diz: "vem sentar-se aqui, à vontade" e à outra: "fica aí, de pé" (v. 3). Depois conclui: "Se fazeis acepção de pessoas, cometeis pecado e a Lei vos acusa como transgressores" (v. 9).

3º passo: sentido litúrgico

Em se tratando do *Batismo de adultos*, a Igreja acolhe oficialmente seus novos membros na celebração de *entrada no catecumenato*.[3]

No *Batismo de crianças*, dá-se o *diálogo com os pais e padrinhos e a apresentação da criança*, os quais exprimem o ingresso na comunidade eclesial.[4] O diálogo de fé prolonga a acolhida e leva ao Batismo. Tal diálogo, inclusive, pode acontecer às portas da igreja, significando que ainda não pertencem à Igreja, na qual entrarão pela porta do Batismo.

O rito inicial da celebração eucarística e, por extensão, *os ritos introdutórios dos demais sacramentos* têm a finalidade de acolher o fiel em nome da Trindade Santíssima. A certeza do abraço do Pai, a força do Espírito e a presença de Jesus junto de nós são a garantia do carinho e do

---

[3] Para aprofundar o sentido desta celebração: LELO, Antonio Francisco. *A iniciação cristã*; catecumenato, dinamismo sacramental, testemunho. São Paulo: Paulinas, 2006. pp. 54-57.

[4] Cf. CNBB. *Batismo de crianças*, nn. 15-18.

aconchego que precisamos para nos sentir comunidade orante na casa do Pai. Quem preside e a própria comunidade acolhem não em nome pessoal ou por qualquer outro sentimento, mas unicamente em nome de Cristo e da Igreja.

À acolhida por Deus, realizada ritualmente na celebração, deve corresponder a atitude das pessoas que compõem a assembleia e, maximamente, daquelas que exercem ministérios na celebração litúrgica. Por isso, muitas comunidades têm valorizado o ministério da acolhida, a ponto de constituir uma equipe para esse fim. Sobretudo, a acolhida deve ser uma atitude interna a ser cultivada em cada um de nós para que expressemos pessoalmente a realidade divina realizada em cada liturgia.

As boas relações horizontais permeadas de alegria, delicadeza, cuidado do outro e atenções recíprocas predispõem a comunidade para realizar o culto de louvor. Desse sinal concreto presente entre aqueles que celebram, experimentamos o amor trinitário que assume nossas fragilidades e nos cumula com seus dons.

4º passo: compromisso cristão

Receber bem os que chegam para a celebração é de suma importância, mas, depois disso, vem a parte mais desafiadora da Pastoral da Acolhida: fazer com que essas pessoas que, simpaticamente, recebemos continuem sendo alvo da nossa atenção. Isso nem sempre é fácil, porque a comunidade é também lugar de conflitos e contendas.

Como Jesus, vamos acolher incondicionalmente as pessoas, seja em nossa vida diária, seja também quando atuamos na comunidade. Sejamos os primeiros a facilitar-lhes a vida, a multiplicar gestos que valorizem sua presença, a dar atenção às suas inquietações e perguntas.

Pessoalmente, é mais fácil isolar-se e tornar o outro invisível. Nossas comunidades cristãs ressentem-se de ser mais acolhedoras. Tal dimensão deve se manifestar não somente no culto litúrgico, mas em todas as dimensões de nossa vida e das atividades da comunidade. Lembremo-nos de que acolher bem já é o primeiro passo para anunciar o Evangelho, e as nossas atitudes são a porta de entrada para a fé de muitos cristãos afastados e arredios da Igreja.

Dicas para a celebração

Antes de iniciar as orações em grupo ou as celebrações da comunidade, convide os catequizandos a se cumprimentarem, a desejarem a paz ou se abraçarem. Motive-os antes para que não seja apenas algo barulhento, mas que prestem atenção no sentimento interior de aprovação do outro, de perdão das mútuas ofensas ou mal-entendidos, de cuidado do outro, particularmente daqueles(as) que passam por situações de doença ou por problemas familiares.

Convidar os catequizandos a se integrar na equipe de acolhida e combinar estratégias, por exemplo: ajudá-los a identificar as pessoas novas na celebração, ir-lhes ao encontro e estabelecer diálogo com elas.

As duas fórmulas mais comuns de saudação no início da missa expressam à comunidade reunida a presença do Senhor. Essa saudação e a resposta do povo exprimem o mistério da Igreja reunida.

Reflita tais sentidos com o grupo.

a) A graça de nosso Senhor Jesus Cristo, o amor do Pai e a comunhão do Espírito Santo estejam convosco.

b) A graça e a paz de Deus, nosso Pai, e de Jesus Cristo, nosso Senhor, estejam convosco.

E a resposta para ambas as fórmulas será: "Bendito seja Deus que nos reuniu no amor de Cristo".

11 Ouvir a Palavra[1]

1º passo: sentido cotidiano

Comprovadamente, é mais fácil falar do que ouvir. Por isso, comumente se diz: o pior surdo é aquele que não quer ouvir. Ouvir implica colocar-se na situação do outro, fazer silêncio interior em uma atitude atenta de quem escuta, sem a preocupação de ter que dizer algo. Para escutar precisamos estar centrados em nosso eixo interior, sem muitos pensamentos na mente. Facilmente somos corroídos pela ansiedade, que nos impede de concentrar na mensagem do outro.

É superbacana quando um amigo nos procura para confiar seus problemas; muitas vezes, ele quer somente que o escutemos com atenção para que, ao falar, possa entender melhor seu problema e também se sentir confortado com a nossa presença.

Escutar silenciosamente "é atitude sábia, pois quem escuta está atento à vida, observa, aprende. Torna-se uma pessoa senhora de si e, assim, sabe falar e dialogar. Primeiro escute, depois fale [...]. Escutar a natureza, o silêncio, apazigua o nosso ser, pois nos coloca em relação com o universo. É o momento em que percebemos não ser o centro, mas nos colocamos na nota certa da sinfonia da vida. O escutar leva-nos a dar o devido valor aos demais seres e, assim, percebemos nossa interdependência e não exclusividade".[2]

Hoje, as redes sociais favorecem a comunicação entre pessoas afins. Muitas vezes, a conversa se aprofunda num diálogo intenso no qual tratam seus afetos, projetos, valores e convicções. Outras vezes, o bate-papo permanece apenas na superfície de passatempos e de assuntos da mídia.

---

[1] Este tema pode ser complementado em: NUCAP; PASTRO, Claudio. *Iniciação à liturgia*, pp. 76-90.

[2] PASTRO, Claudio. *O Deus da beleza*; a educação através da beleza. São Paulo: Paulinas, 2008. p. 119.

2º passo: sentido bíblico

A história da salvação se desenvolve no diálogo de Deus com a humanidade. A dimensão do *encontro* sintetiza, perfeitamente, a revelação do "Deus que fala" e "do ser humano que responde".

O Deus de Israel é Aquele que escuta o clamor do seu povo escravizado e o liberta com mão forte e braço estendido. É o que constatamos na maravilhosa história do êxodo. Deus diz a Moisés do meio da sarça: "Eu vi a opressão de meu povo no Egito, *ouvi* o grito de aflição diante dos opressores e tomei conhecimento de seus sofrimentos. Desci para libertá-los..." (Ex 3,7-8). Deus é o primeiro a escutar, a se abrir ao diálogo.[3]

Deus mostra especial atenção aos justos, quando lhe suplicam: "Os olhos do Senhor estão voltados para os justos, seus ouvidos estão atentos ao seu grito de socorro" (Sl 34,16).

A profissão de fé central do monoteísmo judaico, que ainda hoje os judeus rezam três vezes ao dia, professando sua fé na unicidade de Deus, requer a imperativa atitude de ouvir. "Ouve, Israel! O Senhor nosso Deus é o único Senhor..." (Dt 6,4-5). Nessa fórmula solene, as primeiras palavras (em hebraico *Shemá Yisrael*) são um convite para que o leitor/ouvinte se mantenha atento à escuta da mensagem.

Certa vez, o Senhor se manifestou a Elias, o profeta do Antigo Testamento (cf. 1Rs 19,9-18). Elias se pôs de vigia. Primeiramente "veio um vento impetuoso e forte, que desfazia as montanhas e quebrava os rochedos, mas o Senhor não estava no vento" (v. 11); depois um terremoto, um fogo e depois "ouviu-se o murmúrio de uma leve brisa" (v. 12), aí Elias percebeu a passagem do Senhor. Sem muitos alardes comuns nos grandes momentos, mas como a brisa mansa que cai sem fazer ruído, o Senhor se manifesta em nossa vida e deixa as suas marcas.

Escutar o que o Senhor diz é o primeiro passo para se estabelecer o diálogo com o ser humano. Deus, "por amor, entra em diálogo com o ser humano e a ele se dirige como a um amigo (cf. Ex 33,11; Jo 15,14-15) e com ele convive (cf. Br 3,38), a fim de levá-lo à plena comunhão consigo, por meio de seu Filho, Jesus Cristo".[4]

---

[3]   Recomendamos a leitura de: LATORRE, Jordi. *Modelos bíblicos de oração*; herança do Antigo Testamento na liturgia. São Paulo: Paulinas, 2011. pp. 75-82. Seguimos o autor em algumas passagens desta seção.

[4]   CNBB. *Discípulos e servidores da Palavra de Deus na missão da Igreja*. São Paulo: Paulinas, 2012. n. 9. (Documentos da CNBB 97).

Para o mundo bíblico, a escuta requer aplicação, empenho para conhecer e para memorizar: somente assim uma verdade se torna a seguir capaz de plasmar a vida. Na *Parábola do semeador* (Mt 13,1-23), Jesus convida seus discípulos a escutar sua mensagem. Precisamos ser a terra boa, macia e pronta para receber a semente da Palavra, o que mostra a necessidade da permanente atitude de escuta da Palavra e adesão à vontade do Senhor. O amor do Senhor em nós cria uma estreita relação de amizade e correspondência de ambas as partes.

Jesus nos ensina que o seu seguidor necessita desenvolver algumas atitudes básicas: "O que caiu em terra boa são aqueles que, ouvindo com um coração bom e generoso, conservam a Palavra e dão fruto pela perseverança" (Lc 8,15). Assim, três palavras-chave resumem a condição do discípulo de Jesus: *ouvir, guardar, frutificar*. Esse amor cresce e toma forma à medida que ouvimos a Palavra e a colocamos em prática. Por isso, aquele que segue o Senhor faz brotar a semente e produz fruto, oitenta... cem por um, segundo a medida de sua adesão e confiança no Senhor.

É no contexto de sua pregação que Jesus formula a bem-aventurança da escuta: "Felizes, sobretudo, são os que ouvem a Palavra de Deus e a põem em prática" (Lc 11,28). A felicidade do discípulo, sua ventura mais profunda, consiste em escutar e converter em vida a mensagem evangélica de Jesus.

O modelo de ouvinte do Senhor é a Mãe de Jesus. Na Anunciação do Anjo, depois que ele expõe o plano de Deus para ela conceber o Filho de Deus, Maria não hesita e responde: "Eis aqui a serva do Senhor! Faça-se em mim segundo a tua palavra!" (Lc 1,38). Na infância de Jesus, à medida que os fatos iam se sucedendo, diz o evangelista: "Sua mãe guardava todas estas coisas no coração" (Lc 2,51).

3º passo: sentido litúrgico

Como Maria Santíssima, "A Igreja cresce e se constrói ao escutar a Palavra de Deus, e os prodígios que de muitas formas Deus realizou na história da salvação fazem-se presentes, de novo, nos sinais da celebração litúrgica, de um modo misterioso, mas real [...]. Esta Palavra de Deus, proclamada na celebração dos divinos mistérios, não só se refere às circunstâncias atuais, mas também olha para o passado e penetra o futuro, e nos faz ver quão desejáveis são as coisas que esperamos".[5]

O apreço pela celebração da Palavra de Deus era já um valor herdado dos judeus: desde as grandes assembleias do Antigo Testamento (Ex 19–24; Ne 8–9), para a escuta da Palavra, à estrutura da celebração no culto sinagogal, centrado nas leituras bíblicas e na oração dos Salmos. Daí, foi fácil a passagem para a celebração cristã, com a consciência de que Deus, que tinha falado ao seu povo pela boca dos profetas, agora nos dirigiu a Palavra por meio de seu Filho (cf. Hb 1,1-2), a Palavra feita pessoa (Jo 1,14).

Na reforma da liturgia realizada pelo Concílio Vaticano II, as celebrações de todos os sacramentos comportam a proclamação da Palavra, assim como a oração da Liturgia das Horas, as bênçãos e os sacramentais.

A liturgia da Palavra deve, pela distribuição das partes a diferentes pessoas e a toda a assembleia, deixar transparecer que Deus está dialogando com seu povo. "Deve-se promover a atitude de escuta celebrante: 'Fala, Senhor, que teu servo escuta'. É preciso colocar-se diante da Palavra considerando-a não uma lição ou tema de estudo, mas sim uma Pessoa que nos fala, que tem tempo para nós, que nos interpela e nos anuncia seu amor e seu plano de salvação."[6] Quando Deus fala, tudo acontece. Sua Palavra é sempre viva e atual, não está morta.

Se a Igreja abre os tesouros da Palavra a cada celebração, tal medida requer uma correspondente atitude da assembleia de escutá-la atentamente. Primeiramente, durante a celebração, devemos nos colocar com calma e em atitude de quem vai ouvir uma notícia de salvação, de esperança, porque é o próprio Cristo quem anuncia na força de seu Espírito. Cristo "está presente na sua Palavra, pois, quando na Igreja se lê a Sagrada Escritura, é ele quem fala".[7]

A boa postura e a preparação antecipada de quem proclama são fundamentais: concentração diante da comunidade; vestes adequadas;

---

[5]   *Lecionário semanal*. São Paulo: Paulinas/Loyola, 1995. *Elenco das Leituras da Missa*, n. 7.

[6]   ALDAZÁBAL, José. *Celebrar a Eucaristia com crianças*. São Paulo: Paulinas, 2008. p. 65.

[7]   CONCÍLIO VATICANO II. Constituição *Sacrosanctum Concilium*, n. 7.

uso correto do microfone; boa dicção e leitura clara; modulação da voz; além de, e principalmente, ter o domínio do que está lendo. "A Palavra de Deus é um acontecimento através do qual o próprio Deus entra no mundo, age, cria, intervém na história do seu povo para orientar sua caminhada."[8]

As atitudes próprias de quem ouve, sentado ou de pé, revelam capacidade de escuta, atenção e acolhida do que Deus fala à comunidade. O movimento do corpo ocorre de acordo com o que nos sugere os animadores de canto, porém, nossa atitude interior é de concentração, atenção, escuta e adesão confiante ao Senhor. Os refrãos ou cantos são, normalmente, versículos bíblicos. Durante as celebrações, é importante que a postura do corpo e os gestos externos correspondam à atitude interior de fé e de oração que dispomos para acolher a Palavra. Nosso corpo também reza. Somos unidade de corpo e alma. Expressamos nossos sentimentos com a palavra e com nossa postura. O respeito, a disponibilidade, a humildade, a proximidade, a adoração, a espera confiante e a receptividade verificam-se a partir da maneira de posicionar o corpo...

4º passo: compromisso cristão

Sem dúvida, escutar é um aprendizado, ainda mais nos dias de hoje, com tanta agitação, barulho e poluição de imagens. Ao redor de mim, devo criar condições para saber ouvir. Atitudes simples são necessárias, por exemplo: não ter medo do silêncio, nem tampouco desconsiderar sua importância; em certas ocasiões, abandonar o fone de ouvido para prestar atenção nas pessoas em sua luta cotidiana.

Constantemente devo me perguntar: o que Deus está me dizendo através dos acontecimentos do mundo e daquilo que se passa a minha volta? Quanto tempo tenho reservado para ouvir a Palavra do Senhor?

"Para aquele que crê, a leitura da Escritura é início de um êxodo de si mesmo para ir ao encontro do Outro. Esse itinerário, no entanto, somente é possível pela escuta. Escuta que é acolhida do Outro que, embora totalmente Outro, é presença que nos acompanha [...]. Da experiência

---

[8]   CNBB. *Orientações para a celebração da Palavra de Deus*. São Paulo: Paulinas, 1994. n. 10. (Documentos da CNBB, n. 52).

de comunhão com o Outro nasce o desejo de partilhar o amor vivenciado com os outros, para também com eles criar comunhão."[9]

A Palavra de Deus nos ensina a viver da maneira que o agrada. Somente seus ensinamentos podem julgar nosso coração. Diante da Palavra, nossos atos e intenções se revelam bons ou maus. A Palavra instiga nossa conversão ao Reino, para que tenhamos sentimentos retos e agradáveis ao Pai e deixemos de lado os caprichos, o orgulho e as necessidades passageiras.

Nas situações mais difíceis, a atitude de escuta sempre prevalecerá: o que o Senhor quer me dizer com estes acontecimentos? O que preciso aprender com estes fatos! Escutar a Palavra significa acolher a salvação, a libertação, obtendo esperança para continuar lutando.

---

[9] CNBB. *Discípulos e servidores da Palavra de Deus*, n. 24.

Rito do "Éfeta"

A celebração inicia-se de modo habitual, com o sinal da cruz e a saudação do catequista. Segue a oração:

Catequista: Oremos. Pai amado e todo-poderoso, vós quereis restaurar todas as coisas em Cristo e atraís toda a humanidade para ele. Guiai vossos filhos e concedei que, fiéis à sua vocação, possam integrar-se e participar plenamente no reino de vosso Filho e ser assinalados com o Espírito Santo, o vosso dom. Por Cristo, nosso Senhor.

Todos: Amém.

Depois de um canto apropriado, lê-se Mc 7,31-37.

Catequista: "O Evangelho está cheio de cegos, de surdos, de mudos. Eles sofrem terrivelmente a solidão. Não conseguem se comunicar. Jesus toca nesses irmãos marginalizados e diz: 'Efatá', que quer dizer: 'Abre-te' (Mc 7,34). Ele continua também hoje a gritar o seu 'Éfeta' a tanta gente que não enxerga, não ouve, não fala. E muitas vezes não enxerga a beleza de Deus, não ouve a Palavra de Deus, não fala a língua de Deus."[1] Vamos assinalar a boca e os ouvidos com o sinal da cruz para que sejamos bons ouvintes e anunciadores da Palavra, lembrando o gesto de Jesus que tocou o surdo-mudo.

A seguir, o catequista, tocando com o polegar os ouvidos e os lábios de cada catequizando, diz:

Catequista: Éfeta, isto é, abre-te, a fim de proclamares o que ouviste para louvor e glória de Deus.

Em seguida, pode haver preces espontâneas do grupo, a oração do Pai-Nosso, e quem preside dá a bênção final.

---

[1]   MASI, Nic. *Cativados por Cristo*; catequese com adultos. São Paulo: Paulinas, 2010. p. 70.

A Palavra de Deus nos ensina a viver da maneira que agrade a ele. Somente seus ensinamentos podem julgar nosso coração. Diante da Palavra, nós nos reconhecemos santos ou pecadores, isto é, ela julga nossas intenções e nossos atos, se são falsos ou verdadeiros. Sempre pede a nossa conversão para o Reino, para que tenhamos sentimentos retos que agradem ao Pai e não somente sentimentos interesseiros, de acordo com nossos caprichos, orgulho e necessidades passageiras.

Apresente o ambão ou a mesa da Palavra. Relembre os sinais que revestem a proclamação da Palavra e as atitudes de quem ouve e de quem a proclama. Depois, explique o valor da Palavra de Deus proclamada na celebração. Estas medidas têm como objetivo familiarizar o catequizando com a escuta da Palavra, especialmente a que se dá na celebração eucarística.

O ambão, lugar onde se proclama a Palavra, segue o mesmo princípio do altar e é diferente da estante simples, em que o comentarista atua.

"Um só é o ambão, pois uma só é a Palavra. Igualmente, lugar sagrado, não deve ser usado para avisos ou outros interesses e, sim, apenas para as leituras e a proclamação do Evangelho e, também, a homilia (isso se o presidente não for falar de si mesmo).

Lugar alto de onde nos vem o 'sopro da Palavra', lugar do anúncio, da proclamação, do *lógos* que rege o universo; também é chamado de *omphalo* ('umbigo'). Sempre é do mesmo material do altar, e com ele forma uma unidade: duas dimensões do mesmo Mistério Pascal.

O ambão é considerado 'a pedra do sepulcro', pois o próprio Senhor foi e é o primeiro a testemunhar sobre si mesmo.

É o lugar do mais importante anúncio cristão: ressuscitou! Aí o diácono canta o *exultet* na noite de Páscoa. Aí o Evangelho e a Sagrada Escritura são proclamados. Aí o salmista canta o Salmo responsorial. Aí a homilia indica-nos a Parusia e o Juízo Final..."[2]

---

[2] NUCAP; PASTRO, Claudio. *Iniciação à liturgia.* São Paulo: Paulinas, 2012. p. 172.

12 Dar graças

1º passo: sentido cotidiano

Uma famosa música da compositora argentina Violeta Parra revela um profundo sentimento humano: "Gracias a la vida, que me ha dado tanto...", e, no final, a música repete várias vezes: "Gracias a la vida".

Quando assumimos uma atitude positiva diante da vida, somos capazes de levantar os olhos e agradecer a Deus: por estarmos vivos, por aquilo que somos, pela nossa história e de nossa família, pela criação, pela inteligência humana, pela beleza que nos cerca, pela simplicidade de uma criança... Na verdade, temos muito mais a agradecer do que a pedir. Um coração agradecido é o coração de quem ama e sabe reconhecer a colaboração de outras pessoas em sua vida.

Em nossa linguagem corrente permanece o belo costume de dizer em todo momento: "graças a Deus", revelando a consciência de que tudo vem dele e volta para ele, como princípio e fim de nossa existência e de toda a criação. Somos dependentes da graça e da misericórdia de Deus. E as boas obras que realizamos somente acontecem porque Ele as possibilita. Em português, dizemos "muito obrigado", o que significa: "eu me sinto muito obrigado a retribuir o bem que você me fez". Reconhecemos o bem feito a nós e reforçamos o sentimento de retribuí-lo.

Agradecer uma pessoa comporta a humildade de reconhecer o bem que recebemos e a necessidade de manifestar-lhe nosso apreço. Normalmente, depressa nos esquecemos das coisas boas que nos fazem e facilmente nos lamuriamos dos limites e dificuldades que sofremos; isto nos leva a sermos mais prontos a pedir do que a agradecer.

A falta de uma educação para o agradecimento pode ser vista, de maneira mais ampla, em nosso modo de viver. Ao estabelecer a lógica da insatisfação, o consumismo torna-nos insaciáveis, pois há sempre algo novo no mercado e torna-se fundamental sua aquisição para sermos felizes. Nesse horizonte, há muito pouco a agradecer, pois o coração se fixa na obtenção das novas tecnologias que ainda não adquirimos e se incapacita para o dom, a gratuidade e a generosidade das relações.

2º passo: sentido bíblico

Os acontecimentos em torno da libertação do Egito – a Páscoa do Antigo Testamento – anualmente constituíam motivo de se fazer o memorial em ação de graças a Deus por ter conduzido o povo de Israel à terra prometida. Normalmente, reconhecemos a ação de Deus num determinado feito na história e o bendizemos com júbilo.

No livro dos *Salmos*, há os chamados cânticos de ação de graças.[1] "A pessoa que ora, que havia implorado pela salvação e foi ouvida por Deus, vai ao templo para cumprir seus votos e oferecer vítimas em ação de graças. Diante de todo o povo proclama o favor recebido e convida todos os presentes a participar do banquete sagrado."[2] A pessoa inicia a oração com uma expressão de agradecimento ou louvor ao Senhor e depois passa a proclamar os favores recebidos. Além do motivo do agradecimento pretende expressar a admiração e a felicidade porque Deus se mostrou bom e poderoso.

"Senhor, te dou graças porque me livraste e não deixaste zombar de mim meus inimigos" (Sl 30,2). "Dai graças ao Senhor, porque ele é bom; pois eterno é seu amor. Eu te dou graças, porque me ouviste, porque foste minha salvação" (Sl 118,1.21).

Jesus é o orante do Pai. Estava sempre em união com Ele e manifestava sua ação de graças porque reconhecia sua ação criadora, gratuita e misericordiosa em favor da humanidade. Dá graças em circunstâncias nas quais somos mais inclinados ao lamento. Com efeito, diante do rechaço de sua pregação por parte de certas cidades, Jesus louva o Pai porque se compraz em se revelar aos pequenos e insignificantes (cf. Mt 11,25-30). No deserto, ante uma multidão de ouvintes famintos, bendiz e dá graças a Deus, pois lhes saciará a partir de uns poucos pães e peixes (cf. Jo 6,1-15). Também aos pés do túmulo de seu amigo Lázaro sua oração, entre lágrimas, é de agradecimento porque o Pai o escuta sempre (cf. Jo 11,35-44).

---

[1]   Salmos 18,3-20; 30; 32; 40,2-11; 118.

[2]   RAGUER, Hilari. *Para compreender os Salmos*. São Paulo: Loyola, 1998. p. 39.

Em Lucas 17,14-19, temos uma passagem exemplar sobre a necessidade de reconhecer e agradecer a ação de Deus em nossa vida. Nos limites da Samaria e Galileia, Jesus cura *dez leprosos*, porém, *"Um deles*, ao perceber que estava curado, voltou glorificando a Deus em alta voz; prostrou-se aos pés de Jesus e lhe agradeceu. Então Jesus perguntou: 'Não foram dez os curados? E os outros nove, onde estão? Não houve quem voltasse para dar glória a Deus, a não ser este estrangeiro?'". Constatamos que a virtude do agradecimento deve ser cultivada, pois a atitude de indiferença pela pessoa que nos fez o bem é mais consoante com o nosso orgulho e pretensão de autossuficiência.

Em hebraico, o termo *beraká* quer dizer bênção. *Beraká* é a bênção que se recebe de Deus, cujo fruto é os benefícios por ele concedidos (Gn 24,26-27; Ex 18,0-10; 1Rs 5,21). A *Beraká* mais solene da liturgia judaica encontramos na celebração da ceia pascal; a cada movimento ritual se proclama uma oração de ação de graças a Deus, sendo a mais solene aquela que é proclamada sobre o terceiro cálice de vinho (a *birkhat há-mazon*).

Entre os judeus, o termo "abençoar" também se encontra muito próximo do sentido de agradecer, por isso, nos evangelhos, ora aparece "deu graças" e outras vezes "pronunciou a bênção". Dar graças implica o profundo louvor de reconhecimento que tudo vem do Pai. Ele tem a primazia, pois seu amor antecede qualquer iniciativa e realização que nossa inteligência possa desenvolver.

No contexto cristão, *eucharistia – ação de graças* prevaleceu sobre o sentido de *bênção*, o que indica uma cristianização do termo hebraico no sentido de que o conteúdo novo do cristianismo tendia para uma expressão própria.

Assim a "eucaristia" cristã será sempre, como a *berakah* (bênção) hebraica, um "louvor" a Deus porque "ele é grande e faz maravilhas" (Sl 86,10). Mas a grandeza e a maravilha da ação divina chegam à plenitude em Cristo. O louvor prestado ao Pai pela encarnação e redenção de Cristo faz com que esse louvor não possa deixar de se revestir de sentido novo, isto é, do sentido preeminente de profundo e justo "agradecimento".[3]

---

[3] Cf. MARSILI, S. Teologia da celebração da eucaristia. In: VV.AA. *A Eucaristia*; teologia e história da celebração. São Paulo: Paulinas 1987. pp. 16-17. (Anamnesis 3).

Jesus proferiu as tradicionais *beraká* a Deus com sentido de agradecimento: sobre os alimentos como é referido expressamente na multiplicação dos pães (Mt 14,19), em sua última ceia (Lc 22,19; Mt 26,27) e na ceia de Emaús (Lc 24,30). Nestas passagens, é característico o emprego dos quatro verbos: "tomou o pão e deu graças, partiu-o, deu-o aos discípulos".

3º passo: sentido litúrgico

Os Evangelhos sinóticos e Paulo (cf. 1Cor 11,17-34) transmitem-nos como Cristo, na sua ceia de despedida, encarregou a comunidade de celebrar o sacramento do seu Corpo entregue e do seu Sangue derramado, sob a forma do pão e do vinho como memorial do seu sacrifício pascal.

Quando os Evangelhos descrevem os gestos da Última Ceia, recordam que Jesus "tomou o pão e deu graças" (*eucharistesas*). Este nome passou a designar o memorial do Senhor logo no primeiro século cristão. *Deu graças* é o significado da palavra "Eucaristia".

Seguindo o modelo das orações judaicas, a oração eucarística rezada na segunda parte da liturgia da missa cumpre esse gesto soberano do Senhor. Ela tem o caráter de bênção e de ação de graças ao Pai pela maravilha de sua criação e, principalmente, por tê-la levado à perfeição com a *redenção que Cristo* protagonizou com sua morte e ressurreição. *Damos graças porque o Pai nos criou, nos redimiu com o sacrifício de Filho na cruz e nos santifica com o seu Espírito, conduzindo-nos de volta a ele.*[4] O sentido desta oração é que toda a assembleia se una com Cristo na proclamação das maravilhas de Deus e na oferta do sacrifício.

A oração eucarística nos educa para ter sentimentos e atitudes de louvor e de reconhecimento da gratuidade do Pai, que nos cumulou de tantos dons: a vida, a natureza, os rios, o mar. Tudo vem dele, é dom de sua providência que nos cuida e protege. Amou-nos tanto que nos enviou o seu Filho único para nos salvar.

---

[4] Cf. *Catecismo da Igreja Católica*, nn. 1359-1360.

No início do prefácio, o sacerdote diz: "Demos graças ao Senhor, nosso Deus" e respondemos: "É nosso dever e salvação". O ministro prossegue: "Na verdade, é justo e necessário, é nosso dever e salvação *dar-vos graças, sempre e em todo lugar*". Essa é a postura que cabe ao cristão: "*Em tudo dai graças*" (1Ts 5,18).

Nossa ação de graças chega ao seu ápice quando rememoramos a entrega de Jesus no seu Corpo e no seu Sangue sob a forma do pão e do vinho. O sacrifício salvador de Cristo é a razão maior de nossa ação de graças, do qual participamos pela força do Espírito Santo.

4º passo: compromisso cristão

Os antigos já diziam: a gratidão é a virtude que mais orna o coração do jovem. No círculo familiar, de amizades e de trabalho, há a necessidade de nos reeducarmos para essa virtude, de reconhecer as pessoas que nos fazem o bem, de cultivar a memória de seus gestos generosos e de expressar, sem temor e com palavras e gestos, nossa alegria e gratidão.

Se, primeiramente, formos capazes desse reconhecimento, será muito mais fácil dar o passo seguinte de tomar consciência da gratuidade do amor de Deus em nossa existência. A beleza da criação – a luz do dia, a árvore florida, a inocência da criança, o milagre da vida –, como também os gestos de bondade, as grandes realizações da inteligência humana, constituem as dádivas divinas para a humanidade. O dom da vida a nós oferecido nos faz assumir a humilde postura de quem acolhe esse dom sem merecimento.

Habitualmente, vamos nos acostumar a dizer "muito obrigado" e "graças a Deus" como fruto da atitude interior de humildade que supera nossa autossuficiência e nos devolve o sentido de comunidade e de necessidade do outro. Antes de qualquer coisa, a postura que cabe ao cristão é agradecer a Deus que nos criou, nos redimiu e, hoje, nos conduz. Todo bem e toda fartura vêm do Pai. O mal é fruto do pecado, não provém dele, nem é de sua vontade.

O domingo (do latim *Dominus* = "Senhor"), dia em que Cristo ressuscitou, por excelência, tornou-se o dia de ação de graças ao Pai por ter criado o mundo, nos colocado nele e porque seu Filho, morrendo na cruz, salvou-nos da malícia do pecado, do mal e da morte. Há dois mil anos, os cristãos se reúnem neste dia para celebrar a Eucaristia, como culto de ação de graças e de oferenda da própria vida em comunhão com o sacrifício de Cristo.

Se ao longo da semana corremos por tantas coisas, nosso coração, convencido da misericórdia divina, terá a necessidade de celebrar um culto de ação de graças ao Senhor que nunca lhe faltou. O encontro dominical da comunidade cristã expressa bem o realismo de nossa condição humana que se sente transbordante da ternura de Deus em Cristo e, na força do Espírito Santo, eleva-lhe um sacrifício de ação de graças por todo o bem recebido.

Valorizemos o domingo como dia de encontro com o Senhor. Mais que ressaltar o cumprimento do preceito dominical, vamos nutrir nossa vida com o banquete do Senhor e centralizar a Eucaristia como eixo de todos os nossos compromissos da semana. Ao redor do domingo gira toda a vida comunitária de fé, a alegria e a esperança próprias de quem espera no Senhor.

Celebração de ação de graças

Reze, com tranquilidade, Dn 3,57-88.

Transmita aos catequizandos que a Eucaristia é uma ceia de ação de graças. O que torna o pão e o vinho eucarísticos é a oração de bênção que se reza sobre eles. Mostre os dois tipos de pães, com e sem fermento, reze o texto abaixo.

Comentarista: Olhamos ao nosso redor e damos graças. Tudo é dom de Deus. Mais do que uma fé infantil de quem só sabe rezar pedindo por tantas necessidades momentâneas, aquele que crê sabe que só uma coisa é necessária: sentir-se em comunhão com Deus, sentir a primazia do seu amor e de sua misericórdia sobre todas as necessidades humanas. O Pai nos conduz pela vida. A mais bela atitude do cristão é reconhecer o amor do Pai, que criou o mundo, a natureza, o ser humano, e saber dizer: "É nosso dever dar-vos graças e nossa salvação dar-vos glória em todo o tempo e lugar".

Projetar o mantra "Por tudo dai graças" (1Ts 5,18), do DVD de Fr. Turra: *Palavras sagradas de Paulo Apóstolo.*

Leitor 1: Logo no início do cristianismo, a celebração do memorial do Senhor foi chamada Eucaristia, que quer dizer "ação de graças". Isso porque Jesus tomou o pão e deu graças, fazendo o mesmo com o vinho.

Leitor 2: A Oração Eucarística é a grande ação de graças que elevamos ao Pai pela obra da criação e por tê-la levado à perfeição, apesar de nossos pecados, com a morte e Ressurreição de seu Filho.

Leitor 1: Participamos, na força do Espírito Santo, da grande ação de graças que dia e noite sobe do trono do Cordeiro rodeado pelos quatro seres vivos, na Jerusalém celeste (cf. Ap 5,6-14).

Catequista: Na Oração Eucarística nos unimos com toda a natureza, aos anjos e a toda Igreja gloriosa para proclamar a misericórdia do Pai, que se concretizou na Páscoa de Jesus. Por isso invocamos a Virgem Maria, os apóstolos, os mártires, os santos e todos os falecidos que gozam da bem-aventurança eterna e que juntos formam a voz poderosa do louvor para, em união com a nossa voz fraca de peregrinos neste mundo, entoar (cantar):

Todos: Santo, Santo, Santo...

Convide os participantes a dizerem os motivos que os levam a dar graças a Deus. Ao final de cada intervenção, combine uma resposta de todo o grupo.

Distribuir e comer o pão.

Todos: "Nós te agradecemos, Pai santo, por teu santo Nome, que fizeste habitar em nossos corações, e pelo conhecimento, pela fé e imortalidade que nos revelaste por meio do teu servo Jesus. A ti a glória para sempre.

Tu, Senhor Todo-poderoso, criaste todas as coisas por causa do teu Nome, e deste aos homens e mulheres o prazer do alimento e da bebida, para que te agradeçam. A nós, porém, deste uma comida e uma bebida espirituais, e uma vida eterna por meio do teu servo Jesus.

Antes de tudo, nós te agradecemos porque és poderoso. A ti a glória para sempre.

Lembra-te, Senhor, da tua Igreja, livrando-a de todo o mal e aperfeiçoando-a no teu amor. Reúne dos quatro ventos esta Igreja santificada para o teu reino que lhe preparaste, porque teu é o poder e a glória para sempre.

Que a tua graça venha, e este mundo passe. Hosana ao Deus de Davi. Quem é fiel, venha; quem não é fiel, converta-se. Maran atá. Amém.[5]"

Pode-se encerrar com a oração do Pai-Nosso.

---

[5]   DIDAQUÉ. O catecismo dos primeiros cristãos para as comunidades de hoje. São Paulo: Paulus, 1989. p. 22. Tal escrito é fruto da reunião de várias fontes escritas ou orais do primeiro século. Os lugares mais prováveis de sua origem são a Palestina ou a Síria. A expressão: *Maran atá* quer dizer: "Vem, Senhor!".

13 Dar e pedir perdão

1º passo: sentido cotidiano

Diariamente fazemos a experiência dos desacertos em nossos relacionamentos. Somos muito sensíveis quando nos fazem o mal, mas nem sempre temos a mesma atenção quando prejudicamos os outros. Muitas vezes não cometemos o mal por vontade própria, nem conscientemente, mas por omissão, deixando de fazer o bem.

A lei do egoísmo nos faz pensar primeiramente em nossa conveniência, naquilo que nos interessa. Levados pelo comodismo, tornamo-nos pouco sensíveis às necessidades dos outros; permanecemos com a mochila nas costas num transporte coletivo, sem nos importar se obstruímos a passagem; abandonamos o lixo na calçada de qualquer modo...

Individualmente, somos capazes de construir ou destruir projetos, unir ou separar pessoas, proteger ou violentar... Nosso coração pode abrigar sentimentos bons ou contrários. Pecamos todas as vezes que prejudicamos nosso irmão.

Pedir perdão é um gesto de humildade e de reconhecimento de que não somos autossuficientes. Não é sinônimo de fraqueza, mas de realismo que nasce de nossa condição humana limitada e frágil. Portanto, é sinal de inteligência ter presente que nem sempre acertamos e falhamos e que isso é próprio de todos.

O mal social é resultante da opção pessoal pelo pecado que deliberamos no íntimo do coração e que assume proporções inimagináveis como os milhões de dinheiro desviados pela corrupção política à custa dos recursos da educação, da moradia... ou, pior ainda, a destruição das guerras ou a violência do crime organizado.

Por outro lado, ser pródigo em dar o perdão significa construir uma cidade pacificada, na qual as relações são de amizade, de ajuda mútua, bem longe daquelas maldades que vemos em Gottam City, a cidade do Batman, ou daquelas maldades alardeadas pelos noticiários especializados. Que diferença de atitude: ao ser prejudicado no trânsito, sair do carro com uma arma na mão ou sair disposto a buscar a justiça e perdoar.

2º passo: sentido bíblico

Nossos primeiros pais, Adão e Eva, foram tentados, quiseram ser como o Criador, e, assim, romperam o diálogo e a harmonia com Deus e se afastaram dele. Deixaram-se enganar pela voz tentadora da serpente ao prometer-lhes que, se desobedecessem a Deus, seriam como ele, "sereis como Deus, conhecedores do bem e do mal" (Gn 3,5). Dessa forma, eles ultrapassariam a condição de criaturas e se igualariam a Deus. É o pecado do orgulho e da vaidade que os levaram à competição com Deus, recusando-se a se submeterem a ele, que quer somente o nosso bem.

Essa condição de pecadores permanece conosco até hoje. Como o pecado é fruto do orgulho humano contra Deus, ele permanece dentro de nós, por isso trazemos em nosso coração duas vontades: do bem e do mal. O pecado degrada o ser humano e destrói a semelhança da criatura com o Criador e ofende as criaturas, a natureza e os humanos.

O Filho de Deus, feito homem, habitou entre nós para nos livrar da servidão do pecado e chamar a humanidade das trevas à sua luz admirável. Cristo é a imagem perfeita do Pai. Sua missão neste mundo reconcilia o ser humano com o Pai, pois venceu a maldade do pecado com seu sangue derramado na cruz. A pessoa de Jesus constitui o lugar do encontro da misericórdia, do perdão e da justificação de todo ser humano.

As imagens mais ternas de Jesus destacam sua misericórdia e amor pelos pecadores, sempre reconhecendo sua capacidade de mudança, de optar pelo bem, pela verdade, e se conduzir por uma vida reta, sem prejudicar ninguém.

Jesus curava paralíticos, cegos, leprosos e endemoninhados tidos como pecadores públicos, para manifestar seu poder de perdoar pecados. Jesus perdoou a pecadora arrependida (Jo 8,2-11), comeu com os pecadores e se comparou ao bom pastor que deixa as noventa e nove ovelhas protegidas e sai em busca da que se perdera (Lc 15,1-7). Absolveu o pecador: "teus pecados estão perdoados!", com a condição da conversão: "vá e não peques mais". Comumente dizemos: Jesus ama o pecador e detesta o pecado.

Jesus exalta a atitude daqueles que reconhecem o próprio erro, pedem perdão e por isso os considera justificados. Assim acontece na parábola do fariseu e do publicano que estavam rezando no templo. Este último "ficou a distância e nem se atrevia a levantar os olhos para o céu; mas batia no peito, dizendo: 'Meu Deus, tem compaixão de mim, que sou pecador!'" (Lc 18,13). Sucede quase o mesmo com a mulher pecadora, que em atitude de humilde arrependimento banha os pés de Jesus com as lágrimas e unge-os com perfume (Lc 7,44-47a). Não é diferente com o rico Zaqueu, pois Jesus vai à sua casa, este o recebe, reconhece seus erros e se converte (Lc 19,1-10). Na parábola do pai misericordioso, Jesus ressalta a conversão do filho mais novo que depois de esbanjar a herança se dá conta de seu erro, retorna e diz: "Pai, pequei contra Deus e contra ti. Já não mereço ser chamado teu filho" (Lc 15,21). Na cruz, igual reconhecimento se dá com o bom ladrão: "Jesus, lembra-te de mim, quando começares a reinar" (Lc 23,42).

Se pedimos perdão porque ofendemos, é natural que também perdoemos os que nos ofendem. Assim, rezamos como Jesus nos ensinou: "Perdoai-nos as nossas ofensas, assim como nós perdoamos a quem nos tem ofendido" (cf. Lc 11,4). Pedir perdão a Deus e à comunidade dos irmãos corresponde à solicitação do maior mandamento da lei de Deus: "Amar a Deus sobre todas as coisas e ao próximo como a ti mesmo" (cf. Mc 12,30-31).

3º passo: sentido litúrgico

O Batismo é o sacramento que perdoa todos os nossos pecados, a começar do pecado original. "Essa vitória sobre o pecado refulge primeiro no Batismo, pelo qual o velho homem é crucificado com Cristo para que, destruído o corpo do pecado, já não sirvamos ao pecado, mas, ressuscitados com Cristo, vivamos para Deus."[1]

"Uma vez que a vida nova na graça, recebida no Batismo, não suprimiu a fraqueza da natureza humana nem a inclinação ao pecado (ou seja, a *concupiscência*), Cristo instituiu o sacramento da Penitência para a conversão dos batizados que se afastaram dele pelo pecado."[2] Todas

---

[1] CNBB. *Ritual da Penitência*, n. 2.

[2] BENTO XVI. *Compêndio do Catecismo da Igreja Católica*, n. 297.

as vezes que celebramos o perdão de Deus no *sacramento da Penitência*, recobramos a graça batismal perdida pelo pecado, participamos de sua Páscoa e somos reconciliados com Deus e com a Igreja. Há a bela citação de Santo Ambrósio para ressaltar a ligação entre Batismo e Penitência: a Igreja, "além da água, possui as lágrimas: a água do Batismo; as lágrimas da Penitência".

Além do *rito para a reconciliação individual dos penitentes*, há também a *celebração comunitária da Penitência*, que admite a *confissão e absolvição individuais* ou, nos casos previstos de muita necessidade, a *confissão e absolvição geral*. Tanto a celebração individual quanto a comunitária da Penitência incluem, primeiramente, a celebração da Palavra, pela qual Deus chama à Penitência e conduz à verdadeira conversão interior. Somos convertidos pela Palavra; é ela que nos julga, como uma espada de dois gumes (cf. Hb 4,12).

"A celebração em comum manifesta mais claramente a natureza eclesial do sacramento. Pois os fiéis ouvem juntos a Palavra de Deus, que, proclamando a misericórdia divina, os convida à conversão, levando-os a confrontar com ela sua vida e se ajudarem com a oração recíproca."[3]

A liturgia estimula muito as celebrações da penitência em suas variadas formas, inclusive aquelas sem a confissão pessoal ou absolvição geral. Tais celebrações podem ser presididas por ministros leigos e têm sempre a finalidade de suscitar a conversão. Normalmente, contemplam a proclamação da Palavra, um gesto penitencial e orações de súplica e ação de graças pelo perdão divino.

As celebrações litúrgicas dos sacramentos e sacramentais contemplam, nos ritos iniciais logo após a saudação da assembleia, um *ato penitencial*, com uns minutos de silêncio, as três repetições do "Senhor, tende piedade" e uma oração de absolvição dos pecados.

No rito de entrada da Missa, depois da saudação e da primeira exortação, "o sacerdote convida ao ato penitencial, que, após breve pausa de silêncio, é realizado por toda a assembleia através de uma fórmula de confissão geral e concluído pela absolvição do sacerdote".[4] A comunidade, já antes de escutar a primeira leitura, pede a Deus que a purifique, que lhe dê força, e invoca Cristo, seu Senhor, pedindo-lhe a

---

[3] CNBB. *Ritual da Penitência*, n. 31.

[4] *Instrução Geral do Missal Romano,* 3. ed., n. 51.

sua ajuda. Também para escutar, com proveito, a Palavra de Deus – a "primeira mesa" para a qual o Senhor nos convida – necessitamos de um coração purificado. Começamos a celebração com atitude de humildade, de pobreza, conscientes da nossa debilidade e, ao mesmo tempo, com confiança em Deus.

No mesmo ato penitencial, quando se reza o "confesso a Deus Todo-Poderoso..." e no final da oração dizemos: "por minha culpa, tão grande culpa...", bate-se duas vezes no peito, em reconhecimento da responsabilidade pessoal de ter cometido pecado.

Na Quarta-Feira de Cinzas, a anterior ao primeiro domingo da Quaresma (ou seja, a que segue ao carnaval), realiza-se o gesto simbólico da imposição das cinzas na cabeça, fruto da cremação das palmas do ano anterior. Esse gesto após a homilia da missa recorda o veredito, sobre nossa frágil condição humana, dito aos nossos primeiros pais ao serem expulsos do paraíso: "tu és pó e ao pó hás de voltar" (Gn 3,19).

O tempo da Quaresma é o tempo propício para pedir perdão, fazer penitência e praticar a caridade. O ciclo das leituras da missa e da liturgia das horas traça um itinerário de reconciliação e de mudança de atitudes para aquele que revisa sua vida e quer seguir o caminho do Evangelho.[5]

Outros gestos também indicam humildade e perdão: *impor as mãos, ficar de joelhos e prostrar-se,* isto é, quando o ministro se deita no chão no início da celebração da Paixão do Senhor na Sexta-Feira Santa, ou então quando o ordenando se prostra durante a ladainha dos santos na missa de sua ordenação.

O *Ritual de Penitência*, no Apêndice II, traz seis esquemas de celebrações penitenciais segundo o tempo litúrgico, idade e situação de vida. Afirma que elas "são de grande proveito, tanto para a vida dos indivíduos como da comunidade. Servem para alimentar o espírito e a virtude da penitência, e preparar uma celebração mais proveitosa do sacramento".[6] Essas celebrações não requerem um ministro ordenado para presidi-las.

Essas celebrações devem considerar atentamente as condições de vida, o modo de falar e a compreensão dos participantes. Os esquemas oferecidos pelo *Ritual* são propostos como sugestões que devem ser adaptadas às condições de cada comunidade.

---

[5] Conferir: NUCAP; PASTRO, Claudio. *Iniciação à liturgia*. São Paulo: Paulinas, 2011. pp. 119-120.

[6] *Ritual da Penitência*, Apêndice II, n. 1.

4º passo: compromisso cristão

Nós, cristãos, embora sejamos sempre tentados pela malícia e pelo mal, vivemos em constante atitude de conversão e de penitência, buscando assumir o projeto de Jesus em todas as nossas ações. Optar pelo Reino é uma atitude fundamental de vida.

Procuremos ser os primeiros a pedir desculpas ou perdão de nossos erros e falhas; sermos compreensivos com os erros alheios, pois "com a mesma medida com que medirdes sereis medidos" (Lc 6,38). Alarguemos nossa consciência sobre o bem comum e jamais vamos admitir o favoritismo e a corrupção ou votar em políticos que andam por esses caminhos.

A atitude cristã de respeito nos leva a valorizar o outro, nunca a buscá-lo somente como objeto de prazer. Procuremos estabelecer relações consequentes, que nos responsabilizem pelo outro e nos levem a crescer no amor, na entrega, no carinho e no respeito.

De nossa parte, a constante atitude de rever nossas atitudes, de refletir sobre elas, impele-nos ao crescimento de nosso ser como pessoas construtivas e corajosas para enfrentar os desafios, sem medo de corrigir a rota do caminho. Notamos logo, trata-se de uma pessoa preocupada com o bem comum em primeiro lugar, que consegue enxergar o bem dos outros acima de seus interesses pessoais.

A corrupção de nossa classe política põe a nu exatamente esse pecado. O fato se desencadeia quando a pessoa pública delibera sobre algo considerando a propina que vai receber e não o bem da sociedade. Como isso é revoltante! Em menor escala, se não nos cuidarmos também podemos assumir tais atitudes.

A consciência sobre o pecado é um ato muito humano e, bem conduzida, nos liberta do egoísmo, da hipocrisia e nos faz reconhecer o outro como irmão(ã) e o mundo como nossa casa a qual devemos proteger.

A falta ou excesso dessa consciência nos leva a exageros e ao prejuízo. Um extremo é a personalidade perfeccionista que vive acuada pelo medo de pecar e se escraviza numa consciência culposa; outro extremo se dá com a pessoa que minimamente não se incomoda com o outro, por isso, seus atos se guiam unicamente pelos próprios interesses, sem se preocupar se prejudicam os demais.

Celebração penitencial com imposição de cinzas

Preparar as cinzas, a Bíblia e as velas sobre uma mesa.

Comentarista: *As cinzas adquirem um sentido simbólico de morte, de caducidade, de humildade e de penitência. Diz Abraão: "eu que sou apenas cinza e pó" (Gn 18,27). No livro de Jonas, o rei de Nínive se senta sobre a cinza para penitenciar seus pecados e demonstrar a atitude de conversão dos habitantes da cidade (Jn 3,6). Na liturgia, é um gesto de resposta à Palavra de Deus que nos convida à conversão, como início do jejum quaresmal e da caminhada de preparação para a Páscoa. A Quaresma começa com as cinzas e termina com o fogo, a água e a luz da Vigília Pascal. Sugere-se que algo deve ser queimado e destruído em nós – o homem velho – para dar lugar à novidade da vida pascal de Cristo.*

Escolher um canto penitencial, mais apropriadamente ainda será a eleição de um salmo cantado.

Acolher os participantes em nome da Trindade Santíssima.

Proclamar: Mt 6,1-6.16-18 – não praticar a esmola, o jejum e a oração na frente dos outros.

Comentarista: *A passagem evidencia a penitência como mortificação pessoal e alimento da vida espiritual em três dimensões: o jejum, a oração e a esmola. Respectivamente, são três movimentos de crescimento e purificação: em relação a si mesmo, a Deus e ao próximo. O jejum é o querer abster-se de alimentos para controlar nossa vontade desenfreada e tantas vezes seduzida pelo consumismo e superficialidade. A oração nos coloca em íntima sintonia com Deus, faz-nos direcionar para o fundamento de nossa existência e a conhecer a vontade do Senhor através de sua Palavra. A esmola requer nossa atitude de abertura para acolher a necessidade do outro, tendo como referência a entrega total e generosa do Senhor na cruz.*

Ao nos conscientizarmos do fundamento de nossa existência em Deus, compreendemos que fomos feitos para ele e só descansaremos quando repousarmos nele. Portanto, nossa atitude é de humilde reconhecimento de nossa condição de fragilidade e de caducidade. As cinzas nos recordam essa realidade e nos levam a colocar toda a nossa esperança de vida no Senhor, nosso Criador e Redentor.

Por isso, reconhecemos nossos pecados, nos arrependemos deles e queremos tomar um rumo novo em nossa vida.

O ministro, enquanto impõe as cinzas, profere uma destas duas expressões: "Convertei-vos e crede na Boa-Nova" (Mc 1,15) ou "Tu és pó e ao pó hás de voltar" (Gn 3,19).

Logo após o ministro e os participantes, ajoelhados, rezam juntos o ato penitencial:

Leitor 1: *Confessemos os nossos pecados.*

Todos: Confesso a Deus Todo-Poderoso...

Leitor 1: *Não temos te amado com todo o coração, mente e força, nem ao próximo como a nós mesmos. Não temos perdoado os outros como nos tens perdoado.*

Todos: Tem piedade de nós, Senhor.

Leitor 2: *Temos sido surdos ao teu chamado para servir como Cristo nos serviu. Não temos sido fiéis à mente de Cristo. Temos entristecido o teu Espírito Santo.*

Todos: Tem piedade de nós, Senhor.

Leitor 1: *Confessamos-te, Senhor, a infidelidade passada, o orgulho, a hipocrisia e a impaciência.*

Todos: A ti, Senhor, confessamos.

Leitor 2: *Nossos apetites e hábitos egoístas e nossa exploração dos outros.*

Todos: A ti, Senhor, confessamos.

Leitor 1: *A irritação por causa de nossas frustrações e a inveja dos mais afortunados do que nós.*

Todos: A ti, Senhor, confessamos.

Leitor 2: Nossa preocupação desmedida com os bens e comodidades deste mundo e nossa falta de dignidade na vida e no trabalho diário.

Todos: A ti, Senhor, confessamos.

Leitor 1: A negligência na oração e no culto e no testemunho da fé.

Todos: A ti, Senhor, confessamos.

Leitor 2: Aceita, Senhor, o arrependimento pelo mal que temos feito; pela cegueira diante da necessidade e da dor humana e por nossa indiferença perante a injustiça e a crueldade.

Todos: Aceita, Senhor, nosso arrependimento.

Leitor 1: Pelos falsos juízos, pela falta de caridade com o próximo e pelos preconceitos e desprezo para com os que diferem de nós.

Todos: Aceita, Senhor, nosso arrependimento.

Leitor 2: Pela poluição e desperdício da tua criação, e por nossa falta de preocupação pelos que virão depois de nós.

Todos: Aceita, Senhor, nosso arrependimento.

Leitor 1: Restaura-nos, Senhor, e afasta de nós a tua ira.

Todos: Escuta-nos com teu favor, porque grande é a tua misericórdia.

Leitor 2: Realiza em nós a obra da tua salvação.

Todos: A fim de que manifestemos tua glória no mundo.

Leitor 1: Pela cruz e paixão de teu Filho nosso Senhor.

Todos: Leva-nos com teus santos à alegria da ressurreição de Jesus."[7]

---

[7] *Boletim Paroquial*, n. 385. Ano 8. Paróquia Santíssima Trindade. Diocese Anglicana de São Paulo, 2013.

Leitor 2: *Dá-nos, ó Deus, a graça de uma verdadeira conversão.*

Todos: Ouvi-nos, Senhor.

Leitor 1: *Desperta em nós o espírito de penitência e confirma o nosso propósito.*

Todos: Ouvi-nos, Senhor.

Leitor 2: *Perdoa nossos pecados e compadece-te de nossas fraquezas.*

Todos: Ouvi-nos, Senhor.

Leitor 1: *Faze-nos confiantes e generosos.*

Todos: Ouvi-nos, Senhor.

Leitor 2: *Torna-nos fiéis discípulos do vosso Filho, e membros vivos de tua Igreja.*

Todos: Ouvi-nos, Senhor.

Ministro: *Deus, que não quer a morte do pecador, mas que se converta e viva, receba com bondade a confissão de nossos pecados e seja misericordioso para conosco que recorremos a ele, como seu Filho nos ensinou:*

Todos: Pai nosso...

A celebração termina com um canto apropriado e a despedida.

14 Estar à mesa

1º passo: sentido cotidiano

Ultimamente nossos hábitos alimentares mudaram muito. O cardápio elaborado já deixou de marcar os fins de semana, a praticidade ganhou precedência e já nos habituamos às formas rápidas de comer. Estar à mesa com certa calma ficou restrito aos momentos muito especiais.

No entanto, dispor de tempo durante a refeição é um fator essencial para nosso crescimento pessoal, porque aumenta o diálogo, a acolhida, o respeito e a colaboração entre os convivas. A vida em família pede-nos conversão para que esses valores cresçam sempre mais no relacionamento de seus membros.

A vivência da comunhão e da solidariedade é condição para termos mesa comum. Sentados à mesa e comendo do mesmo pão, naturalmente estreitamos os laços de amizade e de ajuda, pois condividimos a alegria de estar juntos e longe da solidão. Assim, terá sentido a gente rir, se alegrar e contar casos.

Riviére chega a afirmar que não comemos somente para nos alimentar, mas por razões sociais e de acordo com a escolha dos alimentos acabamos consumindo símbolos juntamente com alimentos.[1] Podemos asseverar que juntamente com os alimentos ingerimos amizade, afeto, benquerer, diálogo e aceitação do outro.

De nossa parte, a mesa eucarística requer essas mesmas atitudes de comunhão e solidariedade. O pão e o vinho partilhados em comum evocam a alegria do encontro. É a festa de sobreviver com o fundamental, o pão, e com a gratuidade e a alegria, o vinho.

---

[1]   Cf. RIVIÉRE, C. *Os ritos profanos.* Petrópolis: Vozes, 1997. p. 243.

2º passo: sentido bíblico

Jesus fez comunidade de mesa com publicanos e pecadores. Os fariseus e os escribas o acusavam: "Este homem acolhe os pecadores e come com eles" (Lc 15,2). Assim aconteceu com o publicano Mateus, considerado pecador público pela sua condição de coletor de impostos para Roma. Jesus o chama para segui-lo e põe-se à mesa na casa dele (cf. Mt 9,9-13). Jesus dirige-se a casa de Zaqueu e essa proximidade suscita a conversão do rico injusto. Mesmo assim o povo ainda murmurava: "foi hospedar-se na casa de um pecador!" (Lc 19,7).

Devido a essas atitudes, Jesus é acusado de "comilão e beberrão, amigo de publicanos e de pecadores (Mt 11,19). Na época, comer com os pecadores significava solidarizar-se com o pecado deles, pois a comunhão de mesa implica a comunhão de vida. No entanto, a finalidade de Jesus é bem outra! "A ceia traduz a comunhão de Deus com os homens em seu Reino (Mt 22,1-4). Comendo com os pecadores Jesus queria deixar claro que o Pai os convidava à reconciliação."[2] E ele mesmo diz que veio para os enfermos, pois os sãos não precisam de médico (cf. Mt 9,12).

A última ceia de Jesus prolonga e leva à sua culminação as várias ceias de sua vida pública. A última ceia de Jesus é uma refeição sacrifical. Dali por diante, o pão e o vinho serão os símbolos sacramentais de seu sacrifício na cruz, e o Mestre propicia que todas as gerações se coloquem em comunhão com seu sacrifício: "Fazei isto em memória de mim" (Lc 22,19).

Colocarmo-nos ao redor da mesa eucarística e receber o seu Corpo e Sangue realiza, portanto, essa comunhão. Dirá São Paulo: "O cálice da bênção, que abençoamos, não é comunhão com o sangue de Cristo? E o pão que partimos não é comunhão com o corpo de Cristo?" (1Cor 10,16).

O sinal de assentar-se à mesa numa refeição foi escolhido por Deus para nos mostrar o seu desejo de íntima amizade, porém, Ele espera que nós lhe abramos a porta! "Eis que estou à porta e bato: se alguém ouvir minha voz e abrir a porta, eu entrarei na sua casa e tomaremos a refeição, eu com ele e ele comigo" (Ap 3,20).

A refeição ao redor da mesma mesa sem qualquer discriminação mostra mais claramente a relação da ceia eucarística com o banquete do fim dos tempos, no qual "não há mais judeu ou grego, escravo ou livre,

---

[2]   BOFF, L. *Do lugar do pobre.* Petrópolis: Vozes 1986. p. 104.

homem ou mulher, pois todos vós sois um só, em Cristo Jesus" (Gl 3,28). O Pai nos quer igualmente a todos como filhos e herdeiros do Reino.

3º passo: sentido litúrgico

A mesa eucarística é um banquete e supõe o comportamento próprio de quem faz uma refeição; é também o altar do sacrifício, onde Cristo se oferece ao Pai pela salvação da humanidade. O sentido sacrificial do altar se complementa com o da mesa, na qual os convivas se encontram como irmãos, estabelecem o diálogo e procuram se respeitar em condições de igualdade. "O altar [...] é também a mesa do Senhor, na qual o povo de Deus é convidado a participar por meio da missa."[3]

[3] *Instrução Geral sobre o Missal Romano*, n. 296.

"O altar, em torno do qual a Igreja está reunida na celebração da Eucaristia, representa os dois aspectos de um mesmo mistério: o altar do sacrifício e a mesa do Senhor, e isso tanto mais que o altar cristão é o símbolo do próprio Cristo, presente no meio da assembleia de seus fiéis, ao mesmo tempo como vítima oferecida para a nossa reconciliação e como alimento celeste que se dá a nós."[4] Por isso, "o altar ou mesa do Senhor é o centro de toda a liturgia eucarística"[5] e é único, como símbolo de Cristo, nosso único sacerdote e vítima.

O gesto de convidar os presentes a ladear o altar, durante a Oração Eucarística, manifesta a eficácia unificadora do Corpo e do Sangue para os que se alimentam de Cristo e antecipa o banquete na Casa do Pai, para o qual todos somos igualmente convidados, como irmãos, sem distinção de classe social, raça ou sexo. Esse é o banquete do Reino na presença real de Jesus vivo e ressuscitado, glorioso e Senhor.

4º passo: compromisso cristão

Estar à "mesa do Senhor" (1Cor 10,21) significa, sobretudo, comunhão de vida e de destinos. Quando nos referimos à mesa, entendemos que somos convivas empenhados com a paz e a justiça no mundo, porque somos irmãos unidos pelo mesmo Espírito. A comunhão com o Altar implica comunhão com o sacrifício de Cristo de assumir a mesma atitude de doação do Senhor e de entrega da própria vida pelo bem da humanidade.

A mesa de nossa casa é a continuação da mesa eucarística. Cabe-nos valorizar maximamente as refeições em comum ao redor de uma mesa, marcadas com uma rápida oração, possivelmente com a televisão desligada, e principalmente com a predisposição de ouvir o outro e construir relações verdadeiras e recíprocas.

Recordo-me de uma senhora que lembrava convictamente a fase mais intensa de sua vida: os anos, justamente, em que sua família pôde se reunir ao redor da mesa. Seus três filhos ainda eram pequenos, e à noite, depois que o marido retornava do trabalho, todos se sentavam à mesa, e ela punha-se a servir o jantar. Naquele momento comentavam-se os fatos do dia, tiravam-se conclusões das aventuras e a confiança entre todos era total.

---

[4] *Catecismo da Igreja Católica*, n. 1383.

[5] *Instrução Geral sobre o Missal Romano*, n. 73.

Celebração ao redor do Altar

O grupo coloca-se ao redor do Altar. Inicialmente, refletirá sobre as semelhanças e diferenças da mesa de nossa casa com a mesa do Senhor. Ao final, o catequista destacará o sentido do Altar como lugar do sacrifício de Jesus Cristo.

Comentarista: *"'O altar é Cristo', diz-nos São Cirilo de Jerusalém. Centro de todo o edifício, o altar é o lugar do Sagrado Sacrifício, onde é selada a Nova Aliança. Aí a Palavra torna-se carne para a vida da Igreja e de cada cristão. Cinco cruzes de consagração correspondem às cinco chagas do Ressuscitado presente entre nós. O altar será, preferencialmente, de pedra maciça (rocha) por sua simbologia. O altar é 'a pedra angular do edifício de pedras vivas', que somos nós. O altar é o centro e o coração do Corpo Místico. É o lugar do Mistério Pascal."*[6]

Proclamar: Mt 21,42 – *a pedra que os construtores rejeitaram.*

Comentarista: *Nas construções antigas, a pedra angular era a pedra fundamental, a primeira a ser assentada na esquina do edifício, formando um ângulo reto entre duas paredes. Servia para definir a colocação das outras pedras e alinhar toda a construção. Uma pedra angular na construção de um edifício é a base sólida de que ele necessita para conseguir chegar à altura programada, sem cair.*

Tal como a pedra rejeitada pelos construtores, o Senhor não foi acolhido, seus ensinamentos e programa de vida foram ridicularizados e condenados. No entanto, Cristo é o fundamento de nossa existência, a rocha firme na qual nos apoiamos. Tudo adquire sentido a partir dele.

Ao redor da mesa, aprendemos a ser amigos. Jesus nos chama de amigos e, antes de partir para a casa do Pai, quis reunir seus amigos para uma ceia de despedida. Nesta ceia nos deixou o memorial de sua Paixão, de sua passagem para a casa do Pai. A mesa posta e a família reunida significam que o Senhor está entre nós!

---

[6] NUCAP; PASTRO, Claudio. *Iniciação à liturgia*, p. 172.

Canto de comunhão com o tema da mesa.

Catequista: sentados ao redor da mesa, o Senhor não admite discriminação de quem é maior ou menor, todos somos igualmente filhos do mesmo Pai. Apagam-se as diferenças de classes sociais, as barreiras de cor e de raça; diminuem-se os preconceitos: ser homem ou mulher, ter ou não alguma deficiência...

Oração dos fiéis

Catequista: Elevemos a Deus nossas preces para que a nossa vida possa tornar-se uma oferenda agradável ao Senhor.

Leitor 1: Ó Pai, vosso Filho derramou seu sangue para nos salvar. Que nós também aprendamos a doar a nossa vida para aqueles que precisarem de nós!

Todos: Concedei-nos, ó Pai.

Leitor 2: Ó Pai, vosso Filho sentou-se à mesa com os pecadores, curou os doentes e perdoou seus caluniadores. Ensinai-nos a respeitar sempre esta mesa sem excluir ninguém e estarmos sempre prontos a perdoar e a colaborar com os outros.

Todos: Concedei-nos, ó Pai.

Leitor 1: Ó Pai, o Espírito do vosso Filho foi derramado e permanece conosco. Fortalecei-nos com vossa graça, para sempre vos encontrar ao redor desta mesa.

Todos: Concedei-nos, ó Pai.

Leitor 2: Ó Pai, ao redor deste altar, a vossa família sempre se reúne aos domingos para celebrar a memória do sacrifício do vosso Filho. Que nenhuma divisão, raiva ou preguiça nos impeçam de vos louvar e agradecer pelo dom da Eucaristia entre nós.

Todos: Concedei-nos, ó Pai.

Oração

Todos: Pai nosso...

Catequista: *Junto ao vosso altar, lugar do sacrifício de reconciliação de Deus com a humanidade, encontramos a verdadeira paz que acalma nosso coração. A paz do Senhor esteja sempre convosco.*

Todos: O amor de Cristo nos uniu.

Catequista: *Saudemo-nos uns aos outros em Cristo Jesus.*

15 Partir o pão

1º passo: sentido cotidiano

O pão é o alimento comum de nosso dia a dia que satisfaz a fome e, por isso, torna-se causa e símbolo da alegria, da convivência, da fraternidade e da própria vida.

Nosso povo valoriza o alimento, ele é santo e sagrado. Feliz aquele que reparte e infeliz o que recusa dar o pão para quem o pedir. Nas famílias há o costume de nunca negá-lo a ninguém. Admite-se não dar roupa, dinheiro... mas comida, não. Entre a nossa gente, há o sentido de dividir o pão, compartilhar roupas ou até mesmo oferecer algum cômodo da casa para ajudar o sofredor a superar suas dificuldades.

Entre aqueles que moram nas ruas, a lei básica de sobrevivência é partilhar tudo, colocar em comum no grupo qualquer gênero que se tenha conseguido como produto da mendicância, do trabalho informal ou do roubo. Normalmente os alimentos conseguidos são repartidos ali no mesmo lugar: na beira da calçada, debaixo de um viaduto, na porta de uma igreja...

No abrigo de recuperação de adolescentes moradores de rua, era aniversário de um deles. Tínhamos guardado refrigerante para o Gilberto, que estava atrasado. Ao final da comemoração ele chegou, quando todos já haviam se servido fartamente. Foi-lhe dada a sua parte e logo que seu copo se encheu, de maneira muito pessoal e quase automática, o garoto fez o gesto para que o educador passasse a garrafa aos colegas. Segundo sua norma de conduta, seria impossível beber sozinho aquele refrigerante.

2º passo: sentido bíblico

No início de sua missão, Jesus anuncia a chegada do Reino. As relações humanas, quando permeadas de fraternidade, de solidariedade e de justiça, manifestam o Reino já presente entre nós. Assim, *a partilha*

133

dos bens se insere no amplo movimento de fraternidade universal, encabeçado pelo mandamento maior: "Amar a Deus sobre todas as coisas e ao próximo como a ti mesmo!".

A multiplicação dos pães que Jesus realizou põe à luz que, quando a comunidade reconhece primeiramente a ação de Deus, "Jesus tomou o pão e deu graças", e depois o partilha, então se realiza o verdadeiro milagre: todos se saciaram e ainda sobrou.

Jesus levou às últimas consequências essa prática ao partilhar não somente seus bens: "O Filho do Homem não tem onde reclinar sua cabeça", mas a ponto de entregar seu corpo e seu sangue: "Eis o meu corpo, tomai e comei...". Jesus é o único bem necessário, por isso se identifica com o pão da sobrevivência: "Eu sou o pão da vida!" e se entrega como alimento.

Os quatro verbos referentes à Eucaristia são emblemáticos: "Tomou o pão, deu graças, partiu-o e deu a seus discípulos". A sequência desses verbos se repete na passagem do milagre dos pães, nos relatos da última ceia e no episódio dos discípulos de Emaús; este, além da sequência destes verbos, ainda detalha "como o tinham reconhecido ao partir o pão" (Lc 24,35).

Partir o pão significa, nesse caso, partilhar o corpo, a vida do Mestre doada como alimento e vida do mundo. Dessa forma, aquele que entra em comunhão com o seu sacrifício participa da mesma dinâmica. A primeira comunidade cristã observou radicalmente o dever de partilhar: "A multidão dos fiéis era um só coração e uma só alma. Ninguém considerava suas as coisas que possuía, mas tudo entre eles era posto em comum" (At 4,32).

No mais antigo relato do Novo Testamento sobre a Eucaristia (1Cor 11,17-34), Paulo critica a atitude daqueles cristãos que se reúnem para a Eucaristia e não querem partilhar. No início do cristianismo, a celebração eucarística era precedida de uma ceia comum. Acontecia que os primeiros a chegar (os ricos, que estão livres) começavam logo a comer e beber "sua própria ceia", em vez de esperar os pobres para partilhá-la. Os pobres acabavam chegando depois do fim da jornada de trabalho ou quem sabe viriam mais tarde porque, envergonhados, não tinham muita coisa para partilhar.

Os primeiros a comer se alegravam e alguns até se embriagavam. Portanto, há uma situação evidente de falta de fraternidade. Além de não esperar os outros, também não os fazem participantes do que é seu: "enquanto um passa fome, outros se embriagam" (v. 21).

Paulo vai argumentar que uma reunião assim é exatamente o contrário daquilo que Cristo pensou, quando nos encarregou de celebrar a Eucaristia. O pecado está na ceia prévia e é um pecado contra os irmãos: "Desprezais a igreja de Deus... envergonhais os que não têm" (v. 22).

Em seguida, como critério de discernimento, Paulo narra a instituição da Eucaristia que costumeiramente se rezava nas celebrações das comunidades. Estabelece a íntima relação do corpo eucarístico do Senhor com o corpo eclesial formado pelos fiéis que participam da ceia. Esse argumento também estará presente em todo o contexto de 1 Coríntios 11,17-34. Ele é a cabeça e nós somos os membros do seu corpo. Por isso, Paulo pode denunciar que, discriminando os irmãos pobres, falta-se contra o próprio Cristo, tornando-se réus de seu corpo e de seu sangue. "Pois, quem come e bebe sem distinguir devidamente o corpo, come e bebe sua própria condenação" (v. 29).

3º passo: sentido litúrgico

Na celebração eucarística, após o abraço da paz, o pão eucarístico é partido, depois apresentado e distribuído. Quando o sacerdote parte o pão, manifesta o valor e a importância do sinal da *unidade* de todos em um só pão e da *caridade fraterna pelo fato de um único pão ser repartido entre os irmãos.* "O pão que partimos não é comunhão com o corpo de Cristo? Porque há um só pão, nós, embora muitos, somos um só corpo, pois todos participamos desse único pão" (1Cor 10,16b-17). No começo do cristianismo, por si só o gesto da *fração do pão* conferia o nome a toda celebração eucarística: "Eles eram perseverantes em ouvir o ensinamento dos apóstolos, na comunhão fraterna, na fração do pão e nas orações" (At 2,42).

Na Quinta-Feira Santa, missa da Ceia do Senhor, na qual acontece o Lava-pés e também se celebra o mandamento do Senhor sobre a caridade fraterna, o *Missal Romano* recomenda que durante a procissão das ofertas sejam levados donativos para os pobres. Assim, percebemos que a verdade da Eucaristia comporta essencialmente o exercício da caridade.

4º passo: compromisso cristão

A Eucaristia se insere no âmago de uma comunidade cristã, e para esta se torna critério de questionamento e de crise. A Eucaristia representa um duplo movimento. O primeiro é de fora para dentro, ou seja, deve ser precedida por uma fraternidade concreta, vivida no dia a dia da comunidade cristã. Essa fraternidade remete à fraternidade maior, à celebração verdadeira e própria da Ceia do Senhor. O segundo movimento é de dentro para fora, no sentido de que a Eucaristia é a mola propulsora, o lugar do discernimento, do tomar novas posições para a transformação do mundo. Se não estiverem presentes esses dois movimentos, cai-se no ritualismo que asfixia e esteriliza.

Quem come o pão que o Senhor parte, isto é, seu corpo e sangue, compromete-se a repartir o seu pão, a sua vida. Quanto mais agir assim, mais se direcionará rumo à realização do sacramento.

A fração do pão irmana a quantos dela participam, o que implica superar as divisões de uma família ou comunidade, tendo em vista a comunhão no único pão.

Igualmente, o fato de tomar parte no mesmo pão supõe a prática da caridade e da justiça nas relações. Esse ensinamento, ao ser projetado mais amplamente, gera uma sociedade mais igualitária e fraterna, bem longe do escândalo de toda exclusão. Que dizer, então, da corrupção política, dos desvios de verbas públicas, das obras superfaturadas... ou do acúmulo injusto de fortunas? O que significa celebrar a Eucaristia nestas situações?

"As nossas comunidades, quando celebram a Eucaristia, devem conscientizar-se cada vez mais de que o sacrifício de Jesus é por todos; e, assim, a Eucaristia impele todo o que acredita nele a fazer-se 'pão repartido' para os outros e, consequentemente, a empenhar-se por um mundo mais justo e fraterno. Como sucedeu na multiplicação dos pães e dos peixes, temos de reconhecer que Cristo continua, ainda hoje, exortando os seus discípulos a empenharem-se pessoalmente: 'Dai-lhes vós de comer' (Mt 14,16). Na verdade, a vocação de cada um de nós consiste em ser, unido a Jesus, pão repartido para a vida do mundo."[1]

---

[1] BENTO XVI. Exortação Apostólica Pós-Sinodal *Sacramentum Caritatis*. São Paulo: Paulinas, 2007. n. 88.

Celebração da partilha

Com antecedência, o catequista pede aos participantes trazerem alimentos não perecíveis para serem doados. Se possível, o grupo se reúne ao redor de uma mesa preparada com toalha, flores, vela, um pão grande e único, taça (uma ou várias), vinho ou suco de uva. Criar ambiente de ceia. Esta celebração quer destacar o gesto do partir o pão como sinal da *unidade* de todos em um só pão e da *caridade fraterna pelo fato de um único pão ser repartido entre os irmãos.*

Proclamar: 1Cor 10,16-17 – *O pão que partimos não é comunhão com o corpo de Cristo?*

Catequista reflete com o grupo:

Catequista: *"Ecumenismo é a realização do desejo de Jesus: 'Que sejam um... para que o mundo creia' (Jo 17,21). Jesus não quer seus discípulos divididos por doutrinas e estruturas religiosas. Estas são formas de compreender o Evangelho, e as diferenças entre elas não precisam dividir os cristãos. Cada Igreja deve contribuir para a comunhão do Povo de Deus. Deus Pai quer reunir a todos na comunhão (Ez 36,24-28) e realiza seu projeto reconciliando toda a humanidade em Jesus Cristo (1Cor 5,19). A Igreja é uma comunhão fraterna (At 2,42-47) com a missão de eliminar todas as divisões (Gl 3,28). Isso acontece pela ação do Espírito que permite reconhecer Jesus Cristo como único Senhor de todos (1Cor 12,3; 1Tm 2,5).*

A unidade expressa nossa fidelidade a Cristo: 'Nisto reconhecerão todos que sois meus discípulos, se tiverdes amor uns pelos outros' (Jo 13,35). Jesus deu o exemplo, aceitando morrer 'para congregar na unidade todos os filhos de Deus dispersos' (Jo 11,52). E confiou essa missão à sua Igreja (Mt 28,19), dando-lhe o ministério da reconciliação (Mt 5,21ss; 18; 2Cor 5,18). Jesus quer: "que sejam um como nós... para que o mundo creia que tu me enviaste" (Jo 17,21)."[2]

À mesa, o Senhor parte o pão e reparte o vinho para nós! Estes alimentos repartidos entre nós são expressão de sua própria vida entregue a nós!

---

[2]   WOLFF, Elias. *O que é ecumenismo?* São Paulo: Paulinas, s/d., p. 2. (Síntese).

"Eis o meu corpo, tomai e comei!" Jesus nos ama a ponto de nos entregar a sua própria vida. O seu amor foi levado até o fim. A sua caridade é total!

Catequista reza sobre o pão:

Catequista: *"Do mesmo modo como este pão partido tinha sido semeado sobre as colinas, e depois recolhido para se tornar um, assim também a tua Igreja seja reunida desde os confins da terra no teu Reino, porque tua é a glória e o poder, por meio de Jesus Cristo, para sempre."*[3]

O catequista convida para a oração do Pai-Nosso.

Antes de partir o pão e distribuir o vinho, convidar os participantes para oferecerem os alimentos que serão doados.

Todos comem o pão e recebem o vinho, enquanto se entoa um canto sobre a caridade.

---
[3] DIDAQUÉ, p. 21.

16

Abraço da paz

1º passo: sentido cotidiano

A paz é desejada pelos povos e nações que buscam incessantemente um modo harmonioso de conviver num mundo conturbado e violento. Que pensar, ainda, do crime organizado em nossa sociedade, ceifando vidas inocentes e aliciando outras à força do dinheiro, das drogas e dos armamentos.

Neste nosso tempo pavorosamente cheio de conflitos, todo gesto de paz adquire – mesmo do ponto de vista da sensibilidade comum – um relevo particular. Lembremo-nos do solitário e desarmado jovem chinês que invadiu a Praça da Paz Celestial em Pequim e anonimamente fez parar uma fileira de tanques de guerra no dia 5 de junho de 1989. O rapaz, que ficou conhecido como "o rebelde desconhecido" ou "o homem dos tanques", foi eleito pela revista *Times* como uma das pessoas mais influentes do século XX.

O Papa João Paulo II, em Assis na Itália, reuniu mais de duzentos representantes e ministros das mais diversas religiões. Nessa cidade nasceu São Francisco, testemunho da não violência, da paz com todos e da harmonia com todo o criado. A histórica visita ocorreu aos 24 de janeiro de 2002, por ocasião da Jornada de Orações pela Paz entre os Povos no Mundo. Ali os representantes trocaram o abraço fraterno com o Papa e leram um texto comum de empenho pela paz no mundo no início do terceiro milênio.[1]

Gandhi, Martin Luther King, Madre Teresa de Calcutá, Ir. Dulce dos Pobres, D. Helder Câmara... são outros grandes símbolos de luta pela paz. Esta somente é possível numa sociedade livre que respeita a dignidade de todos e reage contra toda forma de preconceito e exclusão.

---

[1] Disponível em: <http://www.youtube.com/watch?v=tAILfKX_6MM&feature=related>. Acesso em: 08/11/2012. Esses encontros continuam ainda hoje.

Ao dirigir-nos para a celebração litúrgica da comunidade, levamos no coração o desejo profundo de paz, de dias livres da violência, de concórdia em casa e de ordem democrática na vida pública. Manifestamos este desejo com o gesto do abraço. Ao abraçar-nos encurtamos distâncias, criamos confiança, amizade e união.

2º passo: sentido bíblico

O profeta Isaías anteviu a missão de paz do Emanuel – Deus conosco; esta passagem é proclamada na Vigília do Natal: "Pois nasceu para nós um menino [...]. Seu nome será Maravilhoso Conselheiro, Deus Forte, Pai para sempre, *Príncipe da Paz*" (Is 9,5). Também na noite do nascimento do menino, os Anjos cantaram a paz: "Glória a Deus no mais alto dos céus, e na terra, paz aos que são do seu agrado!" (Lc 2,14).

Já adulto, Jesus declarou em sua pregação: "Felizes os que promovem a paz, porque serão chamados filhos de Deus" (Mt 5,9), no seu Reino é bem-aventurado quem estimula relações de entendimento e de ajuda mútua entre as partes. A paz é, sem dúvida, uma aspiração radical que se encontra no coração de cada um e é construída pela nossa capacidade de diálogo, de perdão e de bom relacionamento.

Cristo, príncipe da paz, reconciliou-nos com o Pai, extinguiu todo ódio e divisão que pesavam sobre o ser humano com seu sangue derramado na cruz. Judeus e pagãos foram reconciliados num só povo. "Ele é a nossa paz. Ele quis, assim, dos dois povos formar em si mesmo um só homem novo, estabelecendo a paz e reconciliando os dois com Deus, em um só corpo, mediante a cruz, na qual matou a inimizade. Veio anunciar a paz: paz para vós que estáveis longe e paz para os que estavam perto" (Ef 2,14a.15b-17). Desapareceu a divisão e todos, agora, são herdeiros da promessa e formam o único Corpo.

No Evangelho de João, já em seus discursos de despedida, Jesus nos promete o Espírito como garantia de continuidade de sua missão. Ao dom do Espírito Santo, Jesus associa a sua promessa de paz: "Deixo-vos a paz, dou-vos a minha paz. Não é à maneira do mundo que eu a dou. Não se perturbe, nem se atemorize o vosso coração" (14,27).

Na tarde do domingo da ressurreição, o Ressuscitado se põe no meio dos apóstolos e lhes diz por duas vezes: "a paz esteja convosco". Depois sopra sobre eles e completa: "Recebei o Espírito Santo. A quem perdoardes os pecados, serão perdoados; a quem os retiverdes, lhes serão retidos" (Jo 20,19.22-23). A paz, fruto primoroso da ressurreição, une os corações dos discípulos na força do Espírito Santo para construir a cidade pacificada, livre de toda violência e maldade que o pecado produz. Somente em Cristo, o coração humano encontra o perdão dos pecados para superar as divisões e a verdadeira paz para formar o corpo unido da família humana.

3º passo: sentido litúrgico

"A Igreja sente cada vez mais como sua missão própria a de implorar ao Senhor o dom da paz e da unidade para si mesma e para a família humana inteira. A Igreja dá voz ao pedido de paz e reconciliação apresentando-o àquele que 'é a nossa paz' (Ef 2,14) e pode pacificar de novo povos e pessoas, mesmo onde tivessem falido os esforços humanos."[2]

A Eucaristia é, por sua natureza, sacramento da paz; essa dimensão encontra a sua manifestação específica no rito da saudação da paz, "no qual a Igreja implora a paz e a unidade para si mesma e para toda a família humana e os fiéis exprimem entre si a comunhão eclesial e a mútua caridade, antes de comungar do sacramento".[3]

A paz não nasce de nossas boas intenções, é dom do Alto. A liturgia comunica paz porque toda celebração é comunicação do Espírito Santo derramado em Pentecostes. Na força desse Espírito, presente em nosso coração e que perdoa a fraqueza de nossos pecados é que podemos nos abraçar e desejar a paz para o irmão. O Espírito de Cristo nos anima a sair de nós mesmos e a transmiti-lo como graça e salvação para concretizarmos a unidade da Igreja, seu Corpo.

Não podemos ir à mesa de Cristo se não estamos com disposição de ânimo para comungar o irmão. Lembremo-nos da advertência do Senhor: "quando for apresentar sua oferenda ao altar, e se lembrar de que

---

[2]   BENTO XVI. *Sacramentum caritatis*, n. 49.

[3]   *Instrução Geral sobre o Missal Romano*, 3. ed., n. 82.

seu irmão tem algo contra você, procure antes reconciliar-se com o seu irmão" (Mt 5,23). A liturgia latina manteve esse gesto antes da comunhão, para ressaltar que precisamos estar em paz entre nós, eliminando nossas divisões para receber o Corpo de Cristo e, assim, formar o corpo eclesial, assim como aclamamos durante a oração eucarística: "Fazei de nós um só corpo e um só espírito!".

As liturgias orientais situam a saudação de paz no início da liturgia eucarística como resposta à Palavra proclamada e manifestação de concórdia antes de os fiéis apresentarem a oferenda do sacrifício.

Importa que as comunidades encontrem na liturgia a formação da consciência pacifista dos cristãos, que faça arder a chama da não violência e estimule a busca de um compromisso pela paz.

4º passo: compromisso cristão

Construir a paz é um dever que se nos impõe como cristãos e como cidadãos. Somos amigos da paz na medida em que estabelecemos relações amistosas ao nosso redor. A paz começa dentro de nós, requer conversão, humildade de reconhecer nossos limites, o respeito e a valorização do outro. O abraço da paz rompe a cadeia do nosso egoísmo e a ação da graça nos impulsiona a cultivar a paz, isto é, a deixar Cristo se manifestar dentro de nós e em nossas ações.

Paz é condição de vida digna, respeito dos direitos da pessoa, justiça social para que não haja excluídos; enfim, é a plenitude de vida que só o Cristo pode nos dar, até culminar na vida eterna.

Na rádio-mensagem ao Congresso Eucarístico de Melbourne, 1973, o Papa Paulo VI fala nos seguintes termos: "Se os homens se amassem verdadeiramente uns aos outros como Cristo os amou na Eucaristia, como poderia haver lugar para o ódio? Como poderia haver ainda violência e injustiça social? Como poderiam ainda fazer parte da vida do homem as ofensas, as discriminações e a falta de respeito?". E acrescenta: "Dissemos que a paz é possível. A paz é possível, porque o amor é possível. E nós sabemos que o amor é possível, porque o Senhor nos deu um exemplo disso na Eucaristia".

Celebração da paz

Se possível, decorar o ambiente com uma cruz revestida de panos com cinco cores diferentes, lembrando os cinco continentes: vermelho – América; verde – África; amarelo – Ásia; branco – Europa; e azul – Oceania.

Comentarista: *Celebrar a paz significa fazer acontecer a reconciliação das pessoas entre si e com Deus. A reconciliação entre as partes exige justiça. Com seu sangue derramado, Cristo nos justificou diante do Pai e reconciliou toda a humanidade. Por isso, a paz é possível entre nós.*

Catequista: *Bendito sejas, Senhor Deus da vida, porque iluminas as nossas trevas com a luz do Ressuscitado e guias nossos passos no caminho da paz. Amém!*

Todos: Bendito seja Deus para sempre.

Proclamar: Cl 3,9b-10.11-15 – *Que a paz de Cristo reine em vossos corações*.

Conversar com os participantes sobre o que é a paz: De que paz o mundo precisa? Em quais situações somos agentes de paz? Quais os critérios para se ter paz que a leitura bíblica nos indica?

Sugerimos cantar a música de Zé Vicente: "Utopia".[4]

Oração

Catequista: *Supliquemos ao Deus da paz por todos os povos e nações, para que, a começar de cada um de nós, sejamos construtores da paz!*

Leitor 1: *Senhor Jesus Cristo, vós dissestes: "Bem-aventurados os pacíficos, porque serão chamados filhos de Deus". Mas nós não sabemos*

---

[4] ZÉ VICENTE. CD: *Sol e sonho*. São Paulo: Comep.

construir a paz em nossas famílias, na sociedade, e entre as nações. Senhor, tende piedade de nós.

Todos: Senhor, tende piedade de nós.

Leitor 2: *Converte nossos corações à semelhança de Jesus, teu Filho; arranca de nós toda discórdia e vingança. Senhor, tende piedade de nós.*

Todos: Senhor, tende piedade de nós.

Leitor 1: *Abençoa todas as pessoas e os grupos que lutam e se empenham por um tempo de paz. Senhor, tende piedade de nós.*

Todos: Senhor, tende piedade de nós.

Catequista: *Ó Deus, que cuidas de todos com carinho de pai e de mãe, e lhes deste a mesma origem, concede aos homens e mulheres formar na paz uma só família, amando-se uns aos outros como irmãos e irmãs. Por Cristo, nosso Senhor. Amém.*

Todos: Senhor Jesus Cristo, dissestes aos vossos Apóstolos: Eu vos deixo a paz, eu vos dou a minha paz. Não olheis os nossos pecados, mas a fé que anima a vossa Igreja. Dai-lhe, segundo o vosso desejo, a paz e a unidade. Vós, que sois Deus, com o Pai na unidade do Espírito Santo. Amém.

Oração da paz do rito armênio:[5]

Catequista: *Cristo se manifestou no meio de nós. O próprio Deus está em nosso meio.*

Todos: Ressoou a voz anunciando a paz; foi dada a ordem do beijo santo.

Catequista: *A Igreja se fez um só corpo e o beijo foi dado como laço desta unidade.*

---

[5] Na Igreja Católica, existem 22 ritos, ou seja, 22 modos próprios de rezar a liturgia. São as chamadas famílias litúrgicas, formadas logo no início do cristianismo. A maior delas é a latina, à qual pertencemos. A Armênia foi a primeira nação a se converter ao cristianismo e seu território se limita com a Turquia.

Todos: Desapareceu a discórdia; difundiu-se por toda parte a caridade. Agora, levantai vossas vozes; em uma só voz cantai louvores ao único Deus, ao qual os Serafins cantam louvores.

Catequista: *A paz do Senhor esteja sempre convosco.*

Todos: O amor de Cristo nos uniu.

Catequista: *Saudemo-nos uns aos outros em Cristo Jesus.*

Depois que todos se saudaram:

Declaração de paz[6]

Os participantes se colocam de pé e em roda. Cada participante, com um braço, circule o pescoço do colega. Todos se comprometem como grupo:

Todos: Ao reconhecer minha parte de responsabilidade diante do futuro da humanidade, especialmente para as crianças de hoje e de amanhã, comprometo-me, em minha vida diária, em minha família, meu trabalho, minha comunidade, meu país e minha região a:

1. *Respeitar a vida e a dignidade de cada pessoa, sem discriminação nem preconceitos.*

2. *Praticar a não violência ativa, recusando a violência em todas as suas formas: física, sexual, psicológica, econômica e social, especialmente, aos mais fracos e vulneráveis, como crianças e adolescentes.*

3. *Partilhar meu tempo e meus recursos materiais, cultivando a generosidade, a fim de terminar com a exclusão, a injustiça e a opressão política e econômica.*

4. *Defender a liberdade de expressão e a diversidade cultural, privilegiando sempre a escuta e o diálogo, sem ceder ao fanatismo, nem à maledicência e à recusa do próximo.*

---

[6] Manifesto 2000, ONU. In: GUIMARÃES, Marcelo; LIMA, Julio Cesar. *Celebrações e orações pela paz*, pp. 68-69.

5. Promover um consumo responsável e um modo de desenvolvimento que tenha em conta a importância de todas as formas de vida e o equilíbrio dos recursos naturais do Planeta.

6. Contribuir ao desenvolvimento de minha comunidade, propiciando a plena participação das mulheres e o respeito dos princípios democráticos, com o fim de criar, juntos, novas formas de solidariedade.

Sugerimos cantar a música do Pe. Zezinho, "Sonhadores da paz".[7]

---

[7] PE. ZEZINHO. CD: *Fazedores da Paz*. São Paulo: Comep.

17 Impor as mãos

1º passo: sentido cotidiano

Na maioria das religiões, o gesto de impor as mãos sobre a cabeça ou parte do corpo de uma pessoa tem o sentido de transmissão de força curativa com a troca de energias. Assim acontece com o *reiki*, usado como terapia alternativa desde o seu surgimento no Japão, há quase um século. Através da imposição das mãos, acredita-se que é possível canalizar e transmitir a energia que está à disposição no Universo para promover o bem-estar.

A técnica da imposição de mãos também é usada como prática de fé na Igreja Messiânica, e o *johrei* é muito parecido com o *reiki*. A diferença é que os praticantes do *johrei* acreditam canalizar a luz divina, mas o objetivo é o mesmo: promover a cura do corpo e da alma.

2º passo: sentido bíblico

A imposição das mãos é um dos mais belos gestos na Bíblia registrados abundantemente, sobretudo a imposição da mão direita – sobre a cabeça de alguém ou sobre um objeto. Tem sentido variado: para significar a transmissão de poderes, a bênção ou o perdão; para transmitir a outro a identidade de alguém, aproxima e funde dois mundos que pareciam ser diferentes.

A palavra hebraica "yad" significa ao mesmo tempo "mão" e "força". Os patriarcas do Antigo Testamento impunham sobre os filhos ou sucessores as mãos em sinal de bênção e transmissão de poder. Jacó impõe as mãos sobre os seus netos para lhes desejar a bênção de Deus (cf. Gn 48,9-20), Aarão, sobre o povo (cf. Lv 9,22), e Moisés, sobre o seu sucessor Josué, para lhe transmitir a autoridade e a sabedoria divinas (cf. Dt 34,9), ou o sumo sacerdote sobre o bode, na festa da expiação, para carregar sobre ele os pecados do povo e expulsá-lo para o deserto.

Os profetas impunham as mãos sobre os novos reis, dando-lhes a força de cumprirem sua missão.

Também Jesus abençoa, cura e perdoa com esse gesto expressivo. Em Mateus 19,13-15, Jesus está com seus discípulos e levam crianças a ele. Jesus está no centro e é para o centro que as crianças correm. *Jesus impõe as mãos* (v. 13) justamente naqueles que *não eram* considerados "úteis". Querem estar com Jesus e, muito provavelmente, desejam que ele se identifique com elas para que possam vir a ser como Jesus. Nesse momento, a criança representa o modelo de vida a ser seguido para entrar no Reino e passa a ser a depositária do Reino dos Céus.

Jesus ergueu as mãos sobre os primeiros cristãos, no momento de sua ascensão ao céu, dando-lhes a força de propagar o Evangelho por toda a terra (Lc 24,50).

E a comunidade cristã utiliza esse mesmo gesto para transmitir o Espírito Santo aos batizados (cf. At 8,17 e 19,6), ou para confiar oficialmente uma missão, como aos diáconos ou a Paulo e Barnabé (cf. At 6,6; 13,3).

3º passo: sentido litúrgico

A imposição das mãos é um dos gestos mais repetidos na celebração sacramental cristã. Por si mesma é considerada um gesto epiclético, isto é, de invocação do Espírito Santo sobre pessoas ou elementos. Normalmente, esse gesto vem acompanhado de uma oração que especifica sua finalidade naquela celebração.

Atualmente, impõem-se as mãos:

- nas bênçãos e exorcismos durante o tempo do catecumenato;

- nos escrutínios realizados sobre os que vão ser batizados nas missas dominicais da Quaresma;

- no Batismo, substituindo, se se preferir, a unção pré-batismal;

- na Confirmação, além da crismação, para exprimir o dom do Espírito;

- na Eucaristia, sobre o pão e o vinho, invocando sobre eles o Espírito;

- na bênção solene, sobre a comunidade;

- na Penitência, enquanto se diz a primeira parte da fórmula de absolvição;

- na Unção dos Enfermos, para pedir sobre eles a força de Cristo;
- no Matrimônio, durante a bênção solene sobre os nubentes que se segue ao Pai-Nosso;
- e, sobretudo, na ordenação de diáconos, presbíteros e bispos, em que o gesto é precisamente o sinal central, juntamente com as palavras do bispo.[1]

---

[1] Cf. ALDAZÁBAL, José. *Vocabulário básico de liturgia*. São Paulo: Paulinas, 2013. pp.174-175.

No *Ritual de Iniciação Cristã de Adultos*, as bênçãos e as orações de exorcismo durante o tempo do catecumenato possuem caráter vivamente epiclético, assim como já indica o gesto da imposição de mãos, que acompanha essas orações, sobre os catecúmenos inclinados ou ajoelhados.[2]

A imposição de mãos no rito catecumenal é muito antiga e significa a vinda da potência de Deus, isto é, de seu Espírito sobre o catecúmeno. As orações de exorcismo pedem para o Espírito de Deus libertar o catecúmeno de toda incredulidade e de toda dúvida, arrancando-o de todas as formas de vícios e fortificando-o na grande virtude da fé, da esperança e da caridade.

As bênçãos têm por objeto o crescimento espiritual dos candidatos ao Batismo, "expressam o amor de Deus e a solicitude da Igreja, a fim de que, não possuindo ainda a graça dos sacramentos, recebam da Igreja coragem, alegria e paz para continuarem o trabalho e a caminhada".[3]

Na Confirmação, antes de o bispo crismar, não se abandonou a imposição da mão feita sobre todos os confirmandos, embora esse gesto não seja essencial para a validade do rito; no entanto, devemos tê-lo em grande consideração para a mais perfeita compreensão do sacramento.[4] A exortação que acompanha essa imposição de mãos pede para que o Espírito Santo fortaleça os crismandos com seus dons, os consagre com sua unção espiritual e faça deles imagem perfeita de Jesus Cristo.[5] A oração epiclética, de grande conteúdo doutrinal e teológico, faz referência aos sete dons do Espírito e é considerada pela tradição litúrgica como parte integrante do rito da Confirmação.

No sacramento da Ordem, além de transmissão de poder e autoridade, tem o significado de comunicar a força necessária para cumprir a missão que se encomenda.

---

[2] Cf. nn. 109 e 113. Esse gesto é feito tanto para a oração dos exorcismos menores como também está prescrito para as bênçãos (cf. n. 119); e ainda para a oração final da celebração da inscrição do nome (cf. n. 149); assim como se repetirá no exorcismo dos três escrutínios quaresmais (cf. nn. 164, 171 e 178).

[3] Cf. *Ritual de Iniciação Cristã de Adultos*, n. 102.

[4] *Ritual da Confirmação*, nn. 4 e 9.

[5] *Ritual da Confirmação*, n. 24.

4º passo: compromisso cristão

A imposição de mãos é um gesto de invocação e efusão do Espírito Santo que capacita a pessoa para cumprir uma missão. Todo dom do alto propõe uma tarefa que, por sua vez, supõe uma adesão pessoal de correspondência.

Nos sacramentos da Confirmação e da Ordem, a efusão do Espírito imprime o selo, chamado de caráter, que, uma vez recebido, permanece por toda a vida. A Confirmação expressa e supõe a força especial do Espírito para cumprir a missão profética de Cristo em meio ao mundo, para edificar em unidade a Igreja, Corpo de Cristo, e defender a verdade do Evangelho nas diversas situações da vida.

No sacramento da Ordem: "Os ministros ordenados vivem o seu ministério espelhando-se na vida e na missão de Jesus Cristo, o Bom Pastor. Na comunidade cristã, os ministros ordenados [...] são chamados para fazerem, hoje, aquilo que Cristo fez ontem. Assumem a mesma missão do Mestre. Assim como Cristo curou, andou com os pobres, denunciou o antirreino e anunciou o Reino, hoje, os ministros ordenados recebem essa mesma missão".[6]

No sacramento da Penitência invoca-se o Espírito Santo com o correspondente gesto de imposição de mãos para conferir o perdão sacramental de Deus sobre o penitente; é a chamada absolvição dos pecados. O perdão concedido está condicionado à mudança de vida do penitente. Assim, Jesus perdoa a mulher adúltera ameaçada de ser apedrejada e insiste: "Eu também não te condeno. Vai, e de agora em diante não peques mais" (Jo 8,11b).

---

[6] DERETTI, Edson Adolfo. *Ide, fazei discípulos meus!* São Paulo: Paulinas, 2010. p. 74.

Imposição de mãos I

Comentarista: *O gesto de imposição de mãos sobre a cabeça de alguém é muito usado na Bíblia; quer significar a transmissão de poderes, ou a bênção, ou o perdão. Jesus cura, bendiz e perdoa fazendo esse gesto. A comunidade cristã o utiliza para transmitir sobre os batizados o Espírito Santo (cf. At 8,17; 19,6). Na Confirmação, o gesto, junto com a unção com o óleo (crismação), expressa a transmissão do dom do Espírito. A fórmula do sacramento – "Recebe por este sinal o Espírito Santo, dom de Deus" – especifica a graça que se invoca e se comunica sobre a pessoa.*

Canto ao Espírito Santo.

Comentarista: *Vamos invocar a graça e a força do Espírito Santo para que tenham seus corações purificados de toda mentira e possam desejar o Reino como o maior tesouro de suas vidas.*

Fazer silêncio e pedir para os catequizandos abaixarem a cabeça. O catequista estende as mãos em direção aos jovens, oram em silêncio e depois reza:

Catequista: *Oremos. Deus, que ungistes vosso Filho nas águas do rio Jordão com o Espírito Santo e o entregastes para a nossa salvação, olhai estes vossos filhos e filhas, que se dispõem com fervor a percorrer o caminho de fé. Abençoai-os e, fiel às vossas promessas, preparai-os e santificai-os para serem dignos dos vossos dons e possam, assim, ser configurados mais perfeitamente ao vosso Filho e ser testemunhas do Reino de vosso Filho. Por Cristo, nosso Senhor.*

Todos: Amém.

Rezar o Pai-Nosso e dar a bênção final.

Imposição de mãos II

Animador: *Espírito Santo, este é o nome próprio daquele que adoramos e glorificamos com o Pai e o Filho. No dia de Pentecostes é manifestado, dado e comunicado como pessoa divina: da sua plenitude, o Cristo, Senhor, derrama em profusão o Espírito. A Igreja o recebeu do Senhor e o professa no Batismo dos seus novos filhos e filhas. A partir desse dia, o Reino anunciado por Cristo está aberto aos que creem.*

O presidente ou o catequista estende as mãos em direção aos candidatos, os quais se colocam de joelhos. Ao terminar, os catequizandos aproximam-se do presidente ou do catequista. Este impõe as mãos sobre cada candidato e em seguida reza:[7]

Presidente: *Oremos. Senhor Jesus Cristo, que no monte das bem-aventuranças quisestes afastar vossos discípulos do pecado e revelar o caminho do Reino dos Céus: preservai estes vossos servos e servas, que ouvem a palavra do Evangelho, do espírito de cobiça e avareza, de luxúria e soberba. Como discípulos vossos, julguem-se felizes na pobreza de alma e desejo de justiça, na misericórdia e pureza de coração; sejam portadores da paz e sofram as perseguições com alegria para terem parte em vosso Reino e, alcançando a misericórdia prometida, gozarem no céu o júbilo da visão de Deus. Vós que viveis e reinais para sempre.*

Todos: Amém.

Presidente: *O Senhor Jesus Cristo esteja contigo para te proteger.*

Todos: Amém.

Presidente: *Esteja à tua frente para te conduzir, e atrás de ti para te guardar.*

Todos: Amém.

---

[7]   *Ritual de Iniciação Cristã de Adultos*, n. 119.

Presidente: *Olhe por ti, te conserve e te abençoe.*

Todos: Amém.

Presidente: *E a todos nós, aqui reunidos, abençoe-nos o Deus todo-poderoso, Pai e Filho e Espírito Santo.*

Todos: Amém.

18 Povo a caminho

1º passo: sentido cotidiano

O ser humano é um ser peregrino, que, além de buscar sua identidade, busca sua transcendência. Sendo ser a caminho, não se fixa em si mesmo nem em sua situação histórica de agora. A peregrinação transforma a existência humana, elevando-a a dimensões sagradas. Todos os dias da nossa vida são traçados como etapas de uma peregrinação com a intenção de atingir sempre mais profundamente a plenitude humana, com uma meta a ser alcançada: Deus.[1]

"As peregrinações constituem um fenômeno ligado à própria natureza do ser humano, que se sente um ser a caminho. Sua própria vida é uma caminhada do nascimento para a morte, da juventude para a velhice, e em sua aspiração mais profunda, na passagem desta vida efêmera para uma vida feliz após a morte."[2]

Peregrinar em direção a um santuário ou caminhar em uma procissão ou círio é uma opção espiritual, muito mais que um passeio ou uma simples caminhada. É entrar em uma marcha inspirada por sentimentos de fé, em busca da realização de promessas e confirmação de pertença a Deus.

A procissão, como "caminhar com outros", de um lugar a outro, manifesta claramente a vontade comum de avançar para uma meta. Peregrinar é um processo de mudança de vida, a partir do encontro com Deus, pois somos estrangeiros neste mundo a caminho da pátria definitiva. Os rituais de peregrinação estão tão presentes na trajetória da humanidade que parecem fazer parte dos genes biológicos do ser humano.

---

[1] ARAÚJO, José Luís; BOGAZ, Antônio S. Fé em Deus e pé na estrada; sonhos e esperanças dos peregrinos do Santuário de Aparecida. In: COSTA, Valeriano Santos (org.). *Liturgia: peregrinação ao coração do Mistério.* São Paulo: Paulinas, 2009. p. 101.

[2] BECKHÄUSER, A. *Religiosidade e piedade popular, santuários e romarias.* Petrópolis: Vozes; São Paulo: ASLI, 2007. p. 22.

Quando nos colocamos a caminhar, nos damos conta de que somos um povo com sentimentos e objetivos comuns e, principalmente, com um destino comum. Não estamos parados, já que nossa atitude é de busca de novos horizontes, de marcha e de conquista de algo muito importante que nos faz evoluir.

A massa de gente é amorfa, passível de ser manipulada e não demonstra racionalidade em suas ações. A noção de povo requer consciência responsável de seus atos, causa comum de luta, cidadania e sentido de nação. Como é grandioso quando um povo toma consciência de uma situação injusta que agride diretamente a ética e põe em risco sua segurança, seus valores e sua existência. O povo unido é capaz de derrubar ditaduras e acabar com poderes injustos.

2º passo: sentido bíblico

No Antigo Testamento, originalmente as peregrinações foram iniciadas com Abraão, que na sua peregrinação pelo deserto, a partir de Ur da Caldeia (Gn 11,31; 12,1ss), organiza um povo peregrino. O povo torna-se caminhante, buscando sempre realizar suas promessas e cumprir seus projetos diante de Javé. A fuga do Egito e a busca da terra prometida constituem o protótipo das peregrinações do povo de Israel. Mais tarde, ao templo de Jerusalém, o povo realizará peregrinações frequentes e anuais especialmente para comemorar a Páscoa.

A grande vitória dos peregrinos é a chegada a "Jerusalém", lugar sagrado e meta dos caminhantes. Para comemorar essa vitória, eles entoam os "cânticos de Sião" (Sl 46, 48, 76, 84 e 87). De fato, na antiga Aliança, Deus se faz presente num espaço definido, sua presença está, portanto, ligada ao templo, conforme afirma a tradição sacerdotal e legal. O templo é o lugar onde se dá o encontro definitivo com o Senhor, que quebra os arcos, os escudos e as espadas, pois na casa de Javé reina a paz absoluta e definitiva para os peregrinos.[3]

"A peregrinação a Jerusalém é como o retorno do exílio (Sl 126), voltando à casa do Senhor. Essa cidade de peregrinação é o grande símbolo da reunião dos filhos de Deus dispersos (Is 60). A procissão é o memorial da volta e penhor da salvação e triunfo divino (Is 52,7-12)."[4]

---

[3] Cf. ARAÚJO, José Luís; BOGAZ, Antônio S. *Fé em Deus e pé na estrada...*, p. 110.

[4] Ibid., p. 107.

Essa tradição é corrente na vida do povo no tempo de Jesus; e ele participa de tais práticas visitando o templo de Jerusalém e cumprindo os rituais comuns de sua comunidade. Assim, como atestam a perda e o encontro dele, aos doze anos, no templo junto aos doutores, ou a celebração da Páscoa em Jerusalém antes da sua morte... Ele próprio é um peregrino que se encarna na história da humanidade.

No Novo Testamento, a cidade de Jerusalém torna-se o grande símbolo do lugar da reunião dos filhos de Deus dispersos pelo mundo. É o lugar do ponto de encontro da humanidade com Deus. Jerusalém acaba sendo a própria humanidade, que, qual uma noiva, recebe o Cordeiro/Cristo para as bodas eternas. "Vi um céu novo e uma nova terra [...]; vi também descer do céu, de junto de Deus, a Cidade Santa, uma Jerusalém Nova, pronta como uma esposa que se enfeitou para o seu marido [...]; eis a tenda de Deus com os homens. Ele habitará com eles; eles serão o seu povo, e ele, Deus-com-eles, será o seu Deus" (Ap 21,1-3).

A peregrinação cristã explicita essa universalidade, onde a Jerusalém é o coração de Deus, destino absoluto de todas as procissões. Toda igreja, num determinado lugar (bairro, cidade), é a soleira da Jerusalém Celeste que desceu do Céu até nós.

O Povo de Deus

As peregrinações nas grandes etapas da história da salvação reforçam a formação da consciência do povo de Deus. A *preparação* longínqua da reunião do Povo de Deus começa com a vocação de Abraão, a quem Deus promete que será o pai de um grande povo. Ao ouvir o clamor do seu povo no Egito, o Senhor confirma sua eleição: "Eu vos tomarei como meu povo e serei o vosso Deus" (Ex 6,7).

Na peregrinação pelo deserto sob a liderança de Moisés, aos pés do Monte Sinai, o Senhor sela a Aliança com o seu povo: "Agora, se realmente ouvirdes minha voz e guardardes a minha aliança, sereis para mim a porção escolhida entre todos os povos... Vós sereis para mim um reino de sacerdotes e uma nação santa" (Ex 19,5-6). Israel é eleito como Povo de Deus. Por sua eleição, Israel deve ser o sinal de congraçamento futuro de todas as nações.[5]

---

[5] Cf. *Catecismo da Igreja Católica*, n. 762.

"Deus escolheu Israel para seu povo, estabeleceu com ele uma aliança, e o foi instruindo gradualmente, manifestando, na própria história do povo, a si mesmo e os desígnios da sua vontade e santificando-o para si. Tudo isso aconteceu como preparação e figura daquela aliança nova e perfeita, que haveria de ser selada em Cristo, e da revelação mais plena que havia de ser comunicada pelo próprio Verbo de Deus, feito carne [...]."[6]

Jesus Cristo sela a nova aliança com seu sangue derramado na cruz (cf. 1Cor 11,25) e, a partir dos judeus e dos gentios, forma o novo Povo de Deus que realiza a sua própria unidade, não segundo a carne, mas no espírito.

Agora, os que creem em Cristo foram renascidos de uma semente não corruptível, mas incorruptível pela Palavra do Deus vivo (cf. 1Pd 1,23), não da carne, mas da água e do Espírito Santo (cf. Jo 3,5-6), constituem "uma raça eleita, um sacerdócio real, uma nação santa, o povo de sua particular propriedade [...] que outrora não o era, mas agora é o Povo de Deus" (1Pd 2,9-10).

Esse Povo não tem neste mundo sua morada permanente, mas caminha peregrinando pelas estradas do mundo, guiado pelo Espírito Santo e sustentado pela força dos sacramentos. É um Povo santo e sacerdotal.

"Para o gênero humano, embora muitas vezes esse povo não passe de um pequeno rebanho, o Povo de Deus é firme germe de unidade, de esperança e de salvação. Esse povo é Igreja de Cristo que Ele adquiriu com o seu próprio sangue, encheu-a com o seu espírito e dotou-a dos meios convenientes para a unidade visível e social. Confortada pela força da graça de Deus e com a ação do Espírito Santo, a Igreja não pode cessar de se renovar até que, pela cruz, chegue à luz que não conhece ocaso."[7]

3º passo: sentido litúrgico

Onde o povo de Deus se reúne hoje? A liturgia reúne o Povo de Deus disperso. Os batizados congregados numa só fé, num só Batismo, num só Espírito são a imagem da Igreja santa que louva o Pai, por Cristo e na força do Espírito Santo. Somos chamados a constituir a fraternidade,

---

6   CONCÍLIO VATICANO II. Constituição Dogmática *Lumen Gentium* sobre a Igreja, n. 9.

7   LOPES, Geraldo. *Lumen Gentium*; texto e comentário. São Paulo: Paulinas, 2011. p. 52.

pois somos filhos do mesmo Pai para vivermos sempre mais como irmãos. Esse louvor santifica os membros para que unidos formem o Corpo de Cristo.

O "Povo de Deus" é "congregado" para "celebrar" e constitui a "assembleia local da santa Igreja", como primeiro sacramento da presença operante do Senhor enriquecida com a promessa: "Onde dois ou três estiverem reunidos em meu nome, ali estou eu no meio deles" (Mt 18,20).

A liturgia também contempla as procissões. Ao longo do ano, são muito expressivas as procissões de 2 de fevereiro, rememorando a Apresentação do Senhor no Templo, "luz para as nações"; a do Domingo da Paixão ou de Ramos, celebrando a entrada de Jesus em Jerusalém; a de Quinta-Feira Santa, levando solenemente o Santíssimo para o lugar da reserva eucarística, para a Comunhão de Sexta-feira Santa; a de Sexta-feira Santa para adorar a cruz; e a da Vigília Pascal, seguindo o Círio, símbolo de Cristo Luz...

Na missa, temos quatro movimentos:

- *a procissão de entrada,* em que participam os acólitos, leitores, diáconos, sacerdotes etc. Todos eles representam, naquele momento, a inteira comunidade que ali se reúne, a qual, guiada pela cruz do Salvador, caminha em direção ao centro da celebração, isto é, ao presbitério;

- *a procissão do Evangelho, em que acólitos, com círios e incenso,* acompanham o diácono, que irá proclamá-lo nos domingos e festas;

- *a procissão das ofertas,* sobretudo quando se faz o oferecimento do pão e do vinho como oferendas da comunidade, vindo, desse modo, do fundo da igreja;

- *a procissão da comunhão,* em que a comunidade se encaminha para as proximidades do altar para participar do Corpo e Sangue de Cristo.

A procissão na liturgia recorda a caminhada do Povo de Deus em busca da terra prometida. Somos Igreja peregrina neste mundo a caminho da casa do Pai. Nosso destino é a Jerusalém Celeste. Caminhamos em nosso dia a dia com a convicção de que o Senhor nos precede, nos guarda e nos conduz como Bom Pastor.

4º passo: compromisso cristão

O ato de caminhar indica movimento de uma situação cômoda para algo melhor que exige mudança. Peregrinar é movimento de conversão em direção à Jerusalém Celeste, ao centro de nossa existência, lugar definitivo de nossa morada.

Ter disposição para caminhar implica reunir forças internas, olhar para frente e enxergar com esperança a plenitude que nos aguarda e agora, parcialmente, se faz presente. Sempre com a firme convicção de que somos Povo de Deus a caminho da casa do Pai. Cada vez que caminhamos, reforçamos essa consciência. De nossa parte, cabe-nos assumir atitudes em prol do bem comum que manifestam nossa identidade de Povo de Deus, por exemplo: a luta pela cidadania, pela defesa do meio ambiente, pelo reto uso dos bens públicos...

Cada assembleia litúrgica é a reunião sacramental do povo eleito, congregado como nação escolhida para adquirir com maior propriedade sua identidade. Daí a necessidade de nossa presença na reunião dominical na comunidade, de nosso testemunho público nas procissões e de nossa dignidade como povo sacerdotal, real e profético.

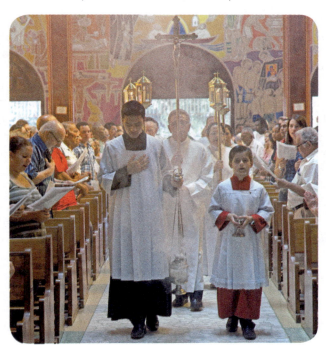

Celebração com a assembleia

Reunidos no adro da igreja, ensaiar um canto processional de entrada. Ensaiar os gestos de genuflexão diante do Sacrário, de reverência diante do Altar.

Leitor 1: *O melhor retrato da Igreja é o povo reunido em assembleia para celebrar a Eucaristia. Pelo Batismo, formamos a família dos filhos de Deus reunida em seu nome. Na missa, o povo de Deus é convocado e reunido, sob a presidência do sacerdote. A essa reunião local da santa Igreja aplica-se a promessa de Cristo: "Onde dois ou três estão reunidos no meu nome, eu estou no meio deles" (Mt 18,20). Cristo está realmente presente na assembleia reunida em seu nome.* [8]

Catequista: *Não somos um povo sem nome e sem rosto. O Senhor nos convoca e nos une como membros do Corpo de seu Filho Jesus e na força do Espírito Santo.*

Em clima de silêncio, e com poucas palavras, convidar os catequizandos a se olharem, perceberem suas diferenças e tomarem consciência de que, pela graça recebida no Batismo, o Espírito nos une num só corpo.

Dois a dois, formar uma procissão de entrada na igreja tendo à frente a Cruz processional e, atrás, um acólito com a Bíblia. Seguir em procissão, cantando. À medida que se aproximam do presbitério, a Cruz é colocada próxima ao Altar e a Bíblia no Ambão; fazem reverência e beijam o Altar, depois se dirigem para os bancos.

Leitor 1: *Nossa vida só tem sentido se transcorrer na presença amorosa do Senhor. Expressemos o mistério da Igreja reunida em plena unidade com a Trindade Santa.*

Catequista: *(pausadamente) Em nome do Pai...*

---

[8] Cf. *Instrução Geral sobre o Missal Romano*, n. 27.

(Com os braços abertos)

Catequista: *A graça de nosso Senhor Jesus Cristo, o amor do Pai e a comunhão do Espírito Santo estejam convosco.*

Todos: Bendito seja Deus que nos reuniu no amor de Cristo.

Leitor 2: *Leitura da primeira carta de São Pedro (1Pd 2,9-10). "Mas vós sois a gente escolhida, o sacerdócio régio, a nação santa, o povo que ele conquistou, a fim de que proclameis os grandes feitos daquele que vos chamou das trevas para a sua luz maravilhosa. Vós sois aqueles que antes não eram povo, agora porém são povo de Deus, os que não eram objeto de misericórdia, agora porém alcançaram misericórdia."*

O catequista convida os catequizandos a, abraçados, formar uma grande e única roda. Frisar que somos o povo do Senhor, um só corpo.

Todos: Somos um povo com vocação espiritual e profética, reunindo pessoas de todas as raças e nações, servidor da paz e da fraternidade em toda parte e encarregado de anunciar a Boa-Nova de Cristo.

Catequista: *Pai nosso...*

Catequista: *O Senhor esteja convosco...*

Catequista: *Abençoe-nos o Deus todo-poderoso...*

Bibliografia

Rituais

Ritual do Batismo de crianças.
Ritual da Confirmação.
Ritual de Iniciação Cristã de Adultos.
Ritual da Penitência.
Elenco das Leituras da Missa.
Instrução Geral do Missal Romano, 3. ed.

Documentos

BENTO XVI. *Porta Fidei.* Carta Apostólica em forma de motu proprio com a qual se proclama o Ano da Fé. São Paulo: Paulinas, 2011.

_____. Exortação apostólica pós-sinodal *Sacramentum Caritatis,* sobre a Eucaristia, fonte e ápice da vida e da missão da Igreja. São Paulo: Paulinas, 2007.

_____. *Compêndio do Catecismo da Igreja Católica.*

CATECISMO da Igreja Católica.

CELAM. *Documento de Aparecida.* Texto conclusivo da V Conferência Geral do Episcopado Latino-Americano e do Caribe. São Paulo: Paulus/Paulinas, 2007.

CNBB. *Anúncio querigmático e evangelização fundamental.* Brasília: Edições CNBB, 2009.

_____. *Diretório nacional da catequese.* São Paulo: Paulinas, 2006. (Documentos da CNBB, n. 84).

_____. *Discípulos e servidores da Palavra de Deus na missão da Igreja.* São Paulo: Paulinas, 2012. (Documentos da CNBB, n. 97).

_____. *Orientações para a celebração da Palavra de Deus.* São Paulo: Paulinas, 1994. (Documentos da CNBB, n. 52).

CONCÍLIO VATICANO II. Constituição dogmática *Lumen Gentium* sobre a Igreja.

_____. Constituição Dogmática *Dei Verbum.*

_____. Constituição *Sacrosanctum Concilium* sobre a sagrada liturgia.

JOÃO PAULO II. Exortação apostólica *Catechesi Tradendae. São Paulo: Paulinas, 1979.*

Estudos

AGOSTINHO, Santo. *A instrução dos catecúmenos;* teoria e prática da catequese. Petrópolis: Vozes, 1984. (Fontes da catequese, n. 7).

_____. *Meditazioni sulla Lettera dell'amore di San Giovani.* Omelia 1. Roma: Città Nuova, 2000.

ALDAZÁBAL, José. *Gestos e símbolos*. São Paulo: Loyola, 2005.

_____. *Celebrar a Eucaristia com crianças*. São Paulo: Paulinas, 2008.

_____. *Vocabulário de liturgia*. São Paulo: Paulinas, 2013.

AMBRÓSIO. Os sacramentos e os mistérios; iniciação cristã nos primórdios. ARNS, P. E. (introd. e trad.); AGNELO, G. M. (coment.). Petrópolis: Vozes, 1972. (Fontes da Catequese 5).

AUGÉ, Matias. *Espiritualidade litúrgica*. São Paulo: Ave Maria, 2002.

AZEVEDO, Walter Ivan de. *Sou batizado... e daí?* São Paulo, Paulinas, 2012.

BARROS, M. O segredo da água; por uma espiritualidade ecológica. *Diálogo*: Revista de ensino religioso, ano VIII, n. 32, out. 2003.

BECKHÄUSER, A. *Religiosidade e piedade popular, santuários e romarias*. Petrópolis: Vozes; São Paulo: ASLI, 2007.

BOFF, Leonardo. *Os sacramentos da vida e a vida dos sacramentos. Mínima sacramentalia*. Petrópolis: Vozes, 1984.

_____. *Do lugar do pobre*. Petrópolis: Vozes 1986.

BOLETIM PAROQUIAL, n. 385. Ano 8. Paróquia Santíssima Trindade. Diocese Anglicana de São Paulo, 2013.

CIRILO DE JERUSALÉM. *Catequeses mistagógicas*. Petrópolis: Vozes, 2004.

COSTA, Valeriano Santos (org.). *Liturgia: peregrinação ao coração do Mistério*. São Paulo: Paulinas, 2009.

DANIÉLOU, Jean. *Bíblia e liturgia*; a teologia bíblica dos sacramentos e das festas nos Padres da Igreja. São Paulo: Paulinas, 2013.

DERETTI, Edson Adolfo. *Ide, fazei discípulos meus!* São Paulo: Paulinas, 2010.

DIDAQUÉ. O catecismo dos primeiros cristãos para as comunidades de hoje. São Paulo: Paulus, 1989.

FABER, Eva-Maria. *Doutrina católica dos sacramentos*. São Paulo: Loyola, 2008.

GIOVANNI CRISOSTOMO. *Omelie sulla passione del Signore*. Patrologia Grega 58, 729-794. "La tomba vuota", 9. Padova: Messaggero, 2006.

GUIMARÃES, Marcelo; LIMA, Julio Cesar. *Celebrações e orações pela paz*. São Paulo: Paulinas, 2005.

LATORRE, Jordi. *Modelos bíblicos de oração*; herança do Antigo Testamento na liturgia. São Paulo: Paulinas, 2011.

LEÃO MAGNO. *Sermões*. São Paulo: Paulus, 1996. (Patrística 6).

LELO, A. F. Mistagogia: participação no mistério da fé. *Revista Eclesiástica Brasileira*, n. 257, pp. 64-81, jan. 2005.

LIMA, Luís Alves de. A catequese sobre o sacramento da penitência. *Revista de Catequese*, n. 120, pp. 52-59, out./dez. 2007.

LOPES, Geraldo. *Lumen Gentium*; texto e comentário. São Paulo: Paulinas, 2011.

MASI, Nic. *Cativados por Cristo*; catequese com adultos. São Paulo: Paulinas, 2010.

MELO, José Raimundo. *A Missa e suas partes*. São Paulo: Paulinas, 2011.

PASTRO, Claudio. *O Deus da beleza*; a educação através da beleza. São Paulo: Paulinas, 2008.

PAULO VI. Eucaristia, presenza, dono, mistero. In: MALNATI, Ettore (Org.). *Omelia alla processione del Corpus Domini*, Roma, 28/05/1970. Ed. San Paolo, Cinisello Balsamo, 2005.

PEREIRA, José Carlos. *Pastoral da acolhida;* guia de implantação, formação e atuação dos agentes. São Paulo: Paulinas, 2009.

NUCAP; PASTRO, Claudio. *Iniciação à liturgia*. São Paulo: Paulinas, 2012.

RAGUER, Hilari. *Para compreender os Salmos*. São Paulo: Loyola, 1998.

RIVIÉRE, C. *Os ritos profanos*. Petrópolis: Vozes, 1997.

ROCCHETTA, Carlos. *Os sacramentos da fé*; ensaio de teologia bíblica sobre os sacramentos como "maravilhas da salvação" no tempo da Igreja. São Paulo: Paulus, 1991.

SCOUARNEC, Michel. *Símbolos cristãos*; os sacramentos como gestos humanos. São Paulo, Paulinas, 2004.

TENA, Pere. El rito litúrgico del bautismo de niños. In: VV.AA. *El bautismo de niños*. Barcelona: Centre de Pastoral Litúrgica, 1987. (Dossiers CPL, 23).

VV.AA. *La nuova proposta di iniziazione alla vita cristiana*. Rito dell'iniziazione cristiana degli adulti. Torino, Leumann, 1985. (Quaderni di Rivista Liturgica – Nuova Serie 8).

VV.AA. *A eucaristia*; teologia e história da celebração. São Paulo: Paulus, 1987. (Anamnesis 3).

Rua Dona Inácia Uchoa, 62
04110-020 – São Paulo – SP (Brasil)
Tel.: (11) 2125-3500
http://www.paulinas.com.br – editora@paulinas.com.br
Telemarketing e SAC: 0800-7010081